El mundo prodigioso
de los ángeles

Charles Lessage, Philippe Olivier, M. Centini, A. Penna,
Surabhi E. Guastalla y Veronique Delarve
bajo la dirección de Susana Rodríguez Paz

EL MUNDO PRODIGIOSO DE LOS ÁNGELES

A pesar de haber puesto el máximo cuidado en la redacción de esta obra, el autor o el editor no pueden en modo alguno responsabilizarse por las informaciones (fórmulas, recetas, técnicas, etc.) vertidas en el texto. Se aconseja, en el caso de problemas específicos —a menudo únicos— de cada lector en particular, que se consulte con una persona cualificada para obtener las informaciones más completas, más exactas y lo más actualizadas posible. DE VECCHI EDICIONES, S. A.

De Vecchi Ediciones participa en la plataforma digital **zonaebooks.com**
Desde su página web (www.zonaebooks.com) podrá descargarse todas las obras de nuestro catálogo disponibles en este formato.

Diseño gráfico de cubierta de YES.
Fotografía de cubierta de © Rolf Klebsattel/Fotolia.com.

© Editorial De Vecchi, S. A. 2018
© [2018] Confidential Concepts International Ltd., Ireland
Subsidiary company of Confidential Concepts Inc, USA
ISBN: 978-1-68325-823-0

El Código Penal vigente dispone: «Será castigado con la pena de prisión de seis meses a dos años o de multa de seis a veinticuatro meses quien, con ánimo de lucro y en perjuicio de tercero, reproduzca, plagie, distribuya o comunique públicamente, en todo o en parte, una obra literaria, artística o científica, o su transformación, interpretación o ejecución artística fijada en cualquier tipo de soporte o comunicada a través de cualquier medio, sin la autorización de los titulares de los correspondientes derechos de propiedad intelectual o de sus cesionarios. La misma pena se impondrá a quien intencionadamente importe, exporte o almacene ejemplares de dichas obras o producciones o ejecuciones sin la referida autorización». (Artículo 270)

Índice

Prólogo 7

Introducción 9

Los ángeles: ¿leyenda o realidad? 11

Los ángeles y las creencias religiosas 29

Los ángeles en la Biblia. 43

Cuando las grandes almas encuentran a los ángeles 71

El libro de Enoc. 93

Dionisio *el Areopagita* y la cábala 97

Los ángeles y la espiritualidad 121

Rezar por la intercesión de los ángeles 131

El mito del ángel caído 147

Anexo: 365 días con los ángeles 169

Prólogo

Nuestra época tiende a ser incrédula. «Nadie ha visto jamás un ángel —se razona—, y por tanto estos no se merecen el regalo de la fe, la opción de creer en ellos». Se juzga el mundo sólo a través de la capacidad de nuestros sentidos para captar aquellos aspectos o manifestaciones capaces de ser captados por ellos. Sin embargo, hay muchos tipos de existencia. ¿Se negará a creer alguien que Don Quijote posee una clase de existencia más *real* que muchas personas, árboles o rocas presentes en el mundo? ¿Podemos negar que exista algo que nadie ha visto jamás, como las posibles rocas de Plutón o la parte de la costra terrestre situada a mil kilómetros de profundidad? En ambos casos llegamos a la certeza de su existencia mediante el razonamiento, una forma de conocer tan poderosa y cargada de certeza como la derivada directamente de los sentidos.

«Hay un consenso sobre la existencia de estos elementos», argüirá algún lector racionalista, decidido a no dejarse descabalgar. Pero sigamos, ¿qué clase de consenso? ¿El numérico? Recordemos que una gran parte de la humanidad no conoce la existencia de los satélites de Saturno, de los reyes godos o del contenido del átomo. A través de estas incómodas preguntas imitamos al embarazoso Sócrates haciendo de comadrón de las ideas. Es lo de menos que el lector crea en los ángeles, el caso es que su mundo permanece desarrollado, estudiado y clasificado con el mismo rigor con el que un entomólogo puede llegar a conocer un millón de especies de insectos.

Invitamos pues al lector a que se despoje de sus prejuicios —pues no es otra cosa el apego a determinados hábitos gnoseológicos impuestos por la actual experiencia— para penetrar en un mundo nuevo, hecho de unas realidades distintas a las convencionales y que no dejarán de sorprenderle. Los autores de este tratado han estudiado a fondo el complejo mundo de los ángeles, presente no sólo en todas las religiones, sino también en la vida diaria. El contacto con Dios, de cualquier forma que este sea concebido, es esencial y forma un capítulo básico para organizar y dar sentido a nuestras vidas. Tanto el panteísta como el creyente de a pie, e incluso el agnóstico racionalista, coinciden en la necesidad de unos puentes de comunicación con los aspectos desconocidos del universo. Si alguna virtud redime al hombre de su prosaica materialidad y finitud es esa curiosidad que lo impulsa a poseer, a conocer, a ampliar su círculo de conocimientos.

Este libro quiere establecer, recorrer y explorar estos puentes. Su lectura no será de ningún modo superflua al lector, al menos al que sea capaz de trascender de sus propios límites y descorrer una mínima parte del tupido velo que lo separa de las verdades no obvias.

JOSEP MARIA ALBAIGÈS i OLIVART

Introducción

Podría parecer que cualquier cuestión que tenga como protagonistas a los ángeles es un tema de poco peso —exactamente como la pluma de una de sus alas—, pero nada más lejos de la realidad. De hecho, los argumentos que se utilizan para negar la realidad de los ángeles pueden usarse de igual forma para negar la existencia de Dios. Se trata, desde luego, de argumentos respetables con los que la realidad de los ángeles se relegaría a una mera proyección fantástica de nuestras circunvoluciones cerebrales; como mucho, dejaría espacio al análisis literario de una tradición poética de fábulas que se repiten en todo el mundo.

Así, la angelología se entendería como corolario de la teología: solamente si se cree en la existencia de Dios es posible aceptar la existencia de los ángeles.

Sin embargo, esto no tiene por qué ser necesariamente así. De hecho, Dios está seguramente capacitado para existir y obrar sin una corte de ángeles rodeándole.

Por otra parte, si el universo tiene un sentido, una racionalidad, una armonía o una finalidad, entonces está claro que los hombres —y con ellos, los animales y las plantas—, que ocupan sólo un fragmento infinitesimal de este universo, no son necesariamente las únicas criaturas que habitan en él.

Sería perfectamente lógico que, junto a los hombres, existieran otras criaturas, habitando mundos diversos y paralelos, con fisonomías y características distintas e inmersas en dimensiones desconocidas, que huirían de la lógica con que estamos obligados a conducir nuestra vida en la tierra.

Que estas entidades pudieran tener una consistencia etérea y puramente espiritual o estuvieran privadas de esta materialidad que, al menos en parte, nos caracteriza no nos tendría que sorprender tanto, sobre todo desde que la física contemporánea nos ha enseñado que la materia, tal como se concebía en el pasado, con una consistencia espacial tangible e indestructible, no existe en realidad porque se trata sólo de una condensación parcial y temporal de la energía que invade todo el universo. Dejemos, pues, espacio a los ángeles; sintámoslos junto a nosotros; reconozcámoslos como hermanos, como compañeros de viaje en esta fascinante y misteriosa peregrinación que es la existencia.

Pero ¿qué es un ángel? Las enciclopedias lo definen como «mensajero» o «ministro» (del hebreo *mal'akh*), con un sentido específicamente religioso de ser sobrehumano, intermediario entre el cielo y la tierra, entre Dios y los hombres. Los ángeles son seres que Dios utiliza para realizar las anunciaciones a los hombres y para que se cumpla su voluntad en la tierra.

El término hebreo se tradujo en griego como *aggelos*, de donde deriva nuestra palabra *ángel*.

Los ángeles son los habitantes de un reino intermedio entre Dios y el hombre y, como tales, llenan un vacío. En sus contactos con el mundo humano pueden llegar a asumir formas absolutamente imprevisibles. En este libro pondremos al descubierto todo lo que hay que saber sobre estos maravillosos seres.

Los ángeles: ¿leyenda o realidad?

Cada uno de nosotros debería tener la posibilidad de conocer todo lo que se ha dicho y se dice sobre los ángeles para poder hacer una valoración propia, y decidir personalmente lo que acepta y lo que rechaza de tales tradiciones. Seguramente, un análisis de este tipo daría paso a un enriquecimiento.

El ángel constituye una de las figuras con las que más a menudo nos tropezamos al referirnos al problema de lo divino. Se encuentra siempre presente en las distintas creencias, incluso a través de imágenes diferentes. Concretamente, en Occidente, cabe decir que el IV Concilio Lateranense, en 1215, reconoció la cuestión como un artículo de fe.

Antiguamente, los ángeles gozaron de una enorme fortuna y popularidad que se extendió a través de la reflexión teológica y, básicamente, de las leyendas, la literatura y el arte. En cambio, los hombres de nuestro siglo han encerrado generalmente a los ángeles entre los recuerdos, dulces y a veces añorados con nostalgia, de la infancia.

La verdad es que en el siglo XX importantes autores y estudiosos como Henri Corbin, Daniélou, Maritain, Bulgákov, Von Balthasar y De Lubac han realizado interesantes reflexiones sobre los ángeles; sin embargo, cabe señalar que la angelología se encuentra ausente de la teología de nuestro siglo, ya que, según ella, los ángeles forman parte de aquellas mitologías cristianas cuyo destino es desaparecer.

Por fortuna, en estos últimos años se ha manifestado una fuerte tendencia totalmente contraria: los ángeles están volviendo con fuerza al primer plano —si puede aplicarse este término al referirnos a unos seres tan dulces y livianos— y están suscitando un apasionado interés en todos los niveles de la sociedad y en todo el mundo.

El profesor universitario Giorgio Galli, ilustre politólogo y estudioso de las culturas esotéricas, ha escrito: «Los ángeles que han aparecido de nuevo, en estos años, en las sociedades occidentales no son los de la tradición cristiana y católica. No son los mensajeros de la divinidad, como aclara la etimología de la palabra. No son los conductores del ejército celestial, con el arcángel Miguel al frente, que desafían al ejército del demonio. No son los ángeles de la guarda de la tradición, presentes en la infancia de las generaciones nacidas hasta la Segunda Guerra Mundial. Los ángeles que han aparecido ahora son diferentes. Creo que puede decirse que son los ángeles de la nueva era: formas de energía con las cuales quienes creen en ellas pueden entrar en comunicación; también mandan mensajes, pero no solamente los del Dios de la tradición judeocristiana, sino procedentes de las más diversas entidades, desde sabios de las eras antiguas a habitantes de los mundos más remotos. También actúan de acompañantes en otras dimensiones, como ángeles de luz, cuya aparición constituiría una experiencia común a todas aquellas personas que acaban de salir de un coma profundo, como documentan los investigadores de este campo».[1]

Ideas y teorías sobre los ángeles

El problema de los ángeles, si puede llamarse así, ha suscitado desde siempre un gran interés y una fuerte implicación por parte

---

1. De *New Age and New Sounds*, diciembre de 1994, Monza.

de un número verdaderamente imponente de historiadores, pensadores, científicos, teólogos, místicos, filósofos, investigadores, poetas, escritores y hombres de cultura.

Santo Tomás de Aquino, llamado con mucho acierto *Doctor Angélico*, está considerado como el mayor pensador cristiano de la Edad Media y su filosofía se ha convertido en la doctrina oficial de la Iglesia católica. En su *Suma teológica* afirma que el ángel de la guarda se encuentra siempre cerca del hombre, durante la vida y su paso al más allá. Anteriormente, el apologista cristiano del siglo III, Tertuliano, afirmaba que el alma, al llegar al otro mundo, «se estremece de gozo al ver el rostro de su ángel, que se apresura a conducirla a la morada que se le ha destinado». Es curioso ver cómo estas afirmaciones encuentran paralelismos en las observaciones que han hecho numerosos científicos contemporáneos dedicados al estudio de las experiencias cercanas a la muerte.

John Milton, el sobresaliente poeta inglés del siglo XVII, sostenía en su obra *El paraíso perdido*: «Millones de criaturas espirituales se mueven, sin ser vistas, sobre la tierra, cuando estamos despiertos y cuando dormimos».

El testimonio de Swedenborg

En nuestra pequeña galería de místicos que han vivido experiencias angelicales se merece un puesto de excepción Emmanuel Swedenborg por tres motivos: porque no se trataba de un «corazón sencillo», sino de un hombre dotado de una cultura excepcional, un auténtico intelectual y, además, un científico de gran relieve; porque pertenecía a la Iglesia protestante, que, a causa de su rígida lectura de la Biblia, siempre ha sido extremadamente desconfiada respecto a las experiencias místicas, a las que considera como potenciales desviaciones individualistas frente a la palabra escrita; y, por último, porque las visiones de este hombre no tuvieron un carácter episódico, sino que se prolongaron durante décadas para producir una cantidad de informaciones sobre el más allá verdaderamente imponente.

Swedenborg nació en Estocolmo en el año 1688; era hijo de un obispo de la Iglesia luterana y recibió una formación religiosa muy profunda. De todos modos, su fe permaneció durante muchos años dormida, como una adhesión puramente mental y no íntimamente partícipe de determinados principios teológicos.

Sus principales intereses, cultivados en la Universidad de Uppsala, fueron la literatura, las lenguas y la música. Estuvo en Londres, en los Países Bajos y en París, donde empezó a sentirse atraído por las ciencias y tuvo el privilegio de estudiar con los mayores científicos de su época, como Newton y Halley.

Volvió a Suecia a la edad de veintiséis años, con una formidable cultura tecnicocientífica, y fue acogido como un gran científico por el rey Carlos III, quien le confió un importante trabajo en el campo minero y consintió que realizara algunos de sus muchos proyectos. Entre ellos se encontraban la creación de bombas, grúas, instalaciones mineras, estructuras militares para la defensa del país y diseños de submarinos y de coches voladores. Fue también un precursor de la teoría del magnetismo y uno de los padres de la cristalografía. El amplio abanico de sus intereses lo convirtió en una especie de Leonardo da Vinci del norte.

Durante cuarenta años trabajó apasionadamente en estos campos; escribió más de ciento cincuenta obras científicas y viajó por toda Europa, donde contactó con los mayores científicos contemporáneos. Su actividad científica se vio marcada por un enfoque mecanicista, aunque siempre estuvo templada por una concepción espiritual del cosmos y de la vida.

A la edad de cincuenta y seis años sufrió un profundo cambio. La psique humana se había convertido gradualmente en el principal objeto de sus intereses como científico. Para estudiarla empezó por analizar sistemáticamente sus propios sueños, que cada vez se convertían en más insólitos y misteriosos hasta transformarse en auténticas visiones. Swedenborg empezó, pues, a frecuentar habitualmente las inquietantes dimensiones del mundo espiritual. Mientras estudiaba a fondo la Biblia, recogía las experiencias vividas en sus viajes místicos y las revelaciones recibidas. Todo ello constituyó el contenido de más de cuarenta escritos, casi todos en latín, que le proporcionaron una vasta difusión en los ambientes místicos y teológicos de toda Europa.

Entre sus principales obras destacan las siguientes: *Memorabilia* (es decir, «El espíritu del mundo descubierto»), *Arcana coelestia*, *De cultu et amore Dei* o *Diario espiritual*. Se trata de unos textos que influyeron a poetas como Blake y Goethe, a filósofos como Kant y a psicólogos como Jung.

Después de su muerte en Londres en 1772, un grupo de discípulos suyos fundó la llamada Iglesia de la Nueva Jerusalén, formada por numerosas pequeñas comunidades swedenborgianas, todavía existentes en el continente europeo.

En sus textos, Swedenborg narra cómo sus viajes por lo invisible lo llevaron a contactar con Dios, con Cristo y con los ángeles.

El místico sueco afirma que, en condiciones normales, no es posible ver a los ángeles y a los espíritus, porque, al poseer un cuerpo inmaterial, los rayos luminosos no se reflejan y esto no permite que se hagan visibles. De todos modos, nosotros conseguimos verlos cuando ellos asumen temporalmente un cuerpo material o si logramos abrir nuestro ojo interior o espiritual.

Swedenborg empezó a moverse continuamente del mundo material al ultraterrenal. De este último dejó una descripción minuciosa, gracias a una especie de escritura automática a la que se sometió; es decir, que las comunicaciones espirituales que recibía tenían lugar a través de los pensamientos que llegaban a su mente de forma imprevista, como si fueran rayos. En una de sus obras afirma que los ángeles poseen una forma humana perfecta y que «están rodeados de una luz que supera en mucho la del mundo a mediodía. Tienen cara, ojos, orejas, pecho, brazos, manos y pies. Se ven, se entienden y conversan; en una palabra, son como los hombres, aparte de no poseer un cuerpo material. El hombre no puede ver a los ángeles con los ojos de su cuerpo, pero sí puede hacerlo con los ojos de su espíritu, puesto que este participa del mundo espiritual, mientras que el cuerpo forma parte del mundo material».[2] Los ángeles son agentes de Dios y, por sí mismos, no poseen ningún poder. «Por esta razón no se da ningún mérito a los ángeles, puesto que son contrarios a cualquier elogio sobre lo que hacen y atribuyen cada alabanza y cada gloria al Señor».

Al hablar de las tareas propias de los ángeles, vale la pena citar una afirmación de Swedenborg en su obra *Cielo e infierno*: «Es tan grande el poder de los ángeles en el mundo espiritual que, si yo tuviera que dar a conocer todo aquello de lo que he sido testimonio, sería difícil creerme. Los ángeles derriban y eliminan, con un simple movimiento de la voluntad, cualquier obstáculo que sea contrario al orden divino».

La teoría de Teilhard de Chardin

El proceso evolutivo desde los niveles inferiores hasta los superiores fue descrito de manera maravillosa por Teilhard de Char-

---

2. Emmanuel Swedenborg, *Cielo e infierno*, Mediterranee, Roma, 1988.

din. Su teoría es una de las más audaces y sugestivas hipótesis a partir del principio de la evolución aplicado a la realidad universal y al hombre.

Pierre Teilhard de Chardin, jesuita francés que vivió entre 1881 y 1955, fue un científico dedicado a la geología y la paleontología, pero también un filósofo y un teólogo de gran renombre, además de un pensador de gran envergadura y originalidad, dedicado a reconciliar el principio de la evolución con la fe cristiana para restituir al hombre una esperanza concreta en el futuro.

En sus obras intenta dar una nueva interpretación del cristianismo en términos modernos, y presenta para ello una visión muy original del cosmos, del hombre y del sentido de la vida; partiendo de la ciencia, propone al hombre como la clave y la mayor cima cualitativa del universo.

Teilhard, desde una perspectiva evolucionista generalizada, desarrolla su pensamiento en tres niveles distintos.

En el primer nivel, el científico, nos encontramos con un proceso en que la materia, partiendo de un estado de simplicidad elemental, se complica asumiendo la forma de cuerpos cada vez más evolucionados hasta la aparición de la vida. En condiciones particulares, la vida se manifiesta por generación espontánea sobre la Tierra y quizá también en otros lugares. El proceso está gobernado por la ley de complejidad y conocimiento, por la que a estructuras orgánicas cada vez más complejas corresponde una conciencia cada vez mayor de sí mismas. Esta complicación alcanza su punto máximo en el ser humano con el pensamiento y la facultad de reflexión, que se corresponde con la mayor complejidad orgánica, representada por el sistema nervioso y el cerebro. Existe, por lo tanto, una progresión desde la *cosmogénesis* a la *biogénesis*, que culmina en la *antropogénesis*. Esto demuestra que en el universo la evolución es direccional y que, en un proceso de millones de años, la evolución tiene como finalidad la creación del ser humano, con su conocimiento, su pensamiento y su capacidad de amar.

Se llega así al segundo nivel, el filosófico. Parecería ilógico pensar que la evolución llegase a su fin con la creación de una multitud de individuos separados, si se parte del supuesto de que la historia del cosmos se manifiesta como un proceso de unificación. Esta es, pues, la fascinante hipótesis de este filósofo y científico: la evolución continúa, pero ya no en la esfera de la biogénesis, sino en la de la mente y el pensamiento, a la que da el nombre de *noosfera*. Ahora las fuerzas evolutivas son de naturaleza espiritual, es decir, del conocimiento de la afectividad, la energía amorosa, y unifican a la humanidad como si se tratara de un sistema nervioso espiritualizado. El progreso de la humanidad se convierte en sinónimo del aumento del conocimiento de poseer un destino unitario.

A través de un proceso posterior de millones de años, la capacidad de amar y unir debería alcanzar un punto omega, fuera del mundo, en el que todo converge y que desde sus orígenes supervisa el proceso mismo.

Sin embargo, Teilhard rechaza el determinismo ciego e introduce en el sistema una posibilidad de elección, una opción moral. De esta manera se llega al tercer nivel, el teológico, que además es específicamente cristiano.

Teilhard defiende la existencia de una fuente de amor personal que se encuentra situada fuera del proceso evolutivo. La identifica como un absoluto trascendente capaz de activar la energía amorosa del mundo y, por lo tanto, de guiar la evolución universal hacia su cumplimiento. También identifica el omega de la evolución con el Cristo de la revelación, que, por lo tanto, constituye al mismo tiempo el alfa y el omega, el principio y el final de todo, el señor y la esperanza del universo. Aunque no se encuentre una referencia explícita a ello, está claro que esta visión científica y filosófica de vanguardia presupone la existencia y la función de entidades espirituales, de esos seres de luz y energía que nosotros llamamos ángeles. Las tareas de estos son, pues, manifestar, preservar y secundar el orden y el proyecto divino que invade el universo; es decir, que antes que nada son portadores de la ley suprema y, como tales, nos siguen, protegen y ayudan.

Los ángeles en otras culturas

Los ángeles son comunes a distintas creencias y a menudo se les da el nombre, incluso en Occidente, de *devas*. Se trata de un término que, en la mitología oriental y particularmente en la védica o budista, se refiere a espíritus benignos y de naturaleza angelical. Esta palabra deriva del sánscrito *daiva*, que significa «resplandeciente» o «ser de luz» y se refiere a la divinidad.

El deva, en el panteón oriental, está considerado como una divinidad menor y, principalmente, se le confía la protección de lugares y entidades como bosques, árboles, nubes, lagos, vientos y montañas; generalmente protege también los elementos de los reinos mineral, vegetal y animal.

Estos seres, según las diferentes culturas, reciben los nombres de hadas, gnomos, duendes, elfos, ondinas y trolls. Así pues, cada elemento de la creación, por mínimo que sea, se confía a la protección de un deva, es decir, un espíritu de la naturaleza.

Todavía sigue viva en varias partes del mundo, incluido Occidente, la tradición de ofrecer a estos seres una degustación de los productos de la tierra, como frutas, miel e incluso güisqui en algunas regiones de Inglaterra.

El término *ángel* se reserva, preferentemente, a aquellos seres que se ocupan del hombre. La existencia de los deva y de los ángeles reside en el hecho de que cada parcela de la realidad pertenece al gran orden y armonía del universo, y que cada una tiene su propio papel y una función específica.

Para que estos espíritus puedan cumplir con la tarea que tienen asignada están guiados por una inteligencia superior, precisamente angelical, que constituye tan sólo una parte infinitesimal de la inconmensurable sabiduría divina que llega a ellos, por decirlo de alguna manera, seleccionada y distribuida a través de los canales de las jerarquías celestes.

Por lo tanto, en un cuadro general, cada especie persigue su propia meta, según un esquema evolutivo que la lleva a buscar la ascensión a niveles superiores. Sucede lo mismo con el hombre, cuyo destino es el ascenso a una dimensión sobrehumana, a la condición angelical, por la cual se convertirá en ángel.

Cómo se manifiestan los ángeles

Llegados a este punto, es necesario aclarar cómo son y de qué manera se manifiestan los ángeles.

Aunque pueda ser molesto abandonar las tradicionales imágenes a las que estábamos acostumbrados desde nuestra niñez, nos vemos en la obligación de decir que los ángeles no poseen las características parcialmente antropomórficas que nos han transmitido el arte y la iconografía corriente, que los han presentado como criaturas que, según las circunstancias, estaban dotadas de poderosas alas, rizos dorados y suntuosas vestimentas.

En particular las alas no les servirían para nada a estos seres, ya que son capaces de trasladarse instantáneamente a cualquier lugar con sólo pensarlo. De hecho, los ángeles son puro espíritu, luz radiante, vibrante energía. Para Santo Tomás los ángeles eran «puro intelecto».

Los ángeles pueden entrar en contacto con los hombres bajo distintas formas y de diversos modos, por ejemplo, como personas normales y corrientes, figuras de luz o también como voces, susurros, pensamientos, reflexiones, iluminaciones, sueños y visiones.

En general, los ángeles tienden a presentar rasgos familiares y comprensibles dentro de los ambientes culturales a los que pertenecen las personas a quienes se aparecen, aunque también pueden adquirir el aspecto de un animal.

Es lícito considerar que los ángeles se manifiestan en forma de cuervos en la narración de la Biblia, pues tanto por la mañana como por la noche estas aves llegaban al desierto para mostrar su apoyo al profeta Elías.

Según los pieles rojas, también son cuervos los pájaros que intervienen, junto a las águilas, para ayudar, curar y llevar los mensajes divinos. De todos modos, los indios americanos hablan también sobre apariciones angelicales bajo formas humanas.

El jefe piel roja Alce Negro nos explica lo que le sucedió: «Estaba mirando las nubes y vi dos hombres que descendían de cabeza, como flechas apuntando hacia abajo; mientras descendían entonaban un canto sagrado, al que acompañaban los truenos como tambores. Ahora os lo cantaré. Tanto los tambores como el canto decían: "Escucha, una voz sagrada te está llamando; por todo el cielo te llama la voz sagrada"».

Intentemos ahora entender cuáles son la naturaleza y las características de nuestra relación con los ángeles. Para empezar, parece como si su presencia no fuera una opción, es decir, algo no necesario y de lo que se puede prescindir cuando se desee.

De vuelta a nuestro siglo nos encontramos con el gran sabio, literato y filósofo de la India Rabindranath Tagore, que dice lo siguiente: «Creo que somos libres, dentro de ciertos límites, y hasta estoy convencido de que existe una mano invisible, un ángel que nos guía, que de alguna manera, como una hélice sumergida, nos empuja hacia delante».

El psicoanalista Carl Gustav Jung afirma en su autobiografía que, a partir de la experiencia acumulada a través del examen de millares de pacientes, más de un noventa por ciento de las dolencias psicológicas se pueden imputar a carencias espirituales.

No es una verdad absoluta que los bienes materiales, la riqueza y el éxito colmen la existencia humana. Para ser verdaderamente feliz el hombre necesita algo más, el pan del espíritu. Lo dice también Jesús: «Buscad, pues, primero el reino de Dios y su justicia; y todas las demás cosas se os darán por añadidura» (Mateo 6, 33).

Actualmente la ciencia nos enseña que fenómenos como la creatividad, la intuición, la inspiración, la iluminación, el éxtasis y la expansión de la conciencia forman parte integrante de la naturaleza humana y deben estudiarse como tales.

La consecuencia de todo lo anterior es que el hombre, sobrepasando los límites tradicionales, adquiere el conocimiento de formar parte de un todo, que se expresa no sólo con la materia, sino también con la energía y con el espíritu.

Albert Einstein afirma que: «Cada ser humano forma parte de un conjunto llamado universo. Cada uno experimenta sus propios pensamientos y sentimientos como algo separado del resto, como una especie de ilusión óptica de la conciencia, pero que acaba convirtiéndose en una prisión. Nuestra misión consiste en liberarnos de esta cárcel ampliando nuestro círculo de comprensión y conocimiento hasta incluir a todas las criaturas vivientes y a la totalidad de la naturaleza en todo su esplendor».

Esta idea es la misma del holismo (del griego *holos*, «el todo, el conjunto»), una antigua doctrina que el hombre contemporáneo está redescubriendo tras superar muchas dificultades.

Esta concepción surge de la constatación de que el pensamiento racional de Occidente ha desarrollado, sobre todo a partir del siglo XVIII, una metodología que separa para alcanzar el conocimiento; por ello sólo conoce de manera parcial y fragmentaria lo existente.

El cambio cultural de nuestro siglo, iniciado por la física cuántica y por el descubrimiento de Einstein del principio de la relatividad, ha invertido la situación precedente, proyectando la idea de una realidad universal como un sistema integrado y armónico, donde cada individuo constituye una parte indispensable de un todo y la humanidad es un único cuerpo viviente compuesto por millones de células, tantas como seres humanos existen.

Esto ha dado paso a una nueva toma de conciencia y ha puesto en marcha la búsqueda de una visión global del hombre, del ambiente en el que vive y del universo entero, en el que se valora la potencialidad de cada individuo y las expresiones particulares y originales de cada una de las distintas culturas; en esto consiste el holismo.

Nuestra era ofrece nuevas perspectivas para que el hombre se reconcilie consigo mismo, con los otros seres vivos, con todas las entidades —animadas o inanimadas, materiales y espirituales— que le rodean, porque la existencia es sólo una.

De vuelta a los ángeles, hemos visto que se trata de mensajeros de la divinidad y que su principal trabajo es abrir una vía para el diálogo con Dios y mostrar al individuo, siempre respetando su libertad, el camino que le conduce hasta Él. Por otro lado, también es el custodio del hombre, al que sigue paso a paso en su existencia, sobre todo proporcionándole protección ante las adversidades.

Muchas personas sostienen que la verdadera función de los ángeles, más que de protección en las pequeñas y grandes dificultades de la vida, debería ser iluminativa. Es decir, el ángel tendría que representar para el hombre un guía espiritual, que lo dirigiera en lo moral y lo ayudara en su evolución hacia el descubrimiento y la realización de sí mismo, en una larga espiral de perfeccionamiento progresivo.

Los hombres y los ángeles están divididos, pero unidos al mismo tiempo; viven en mundos paralelos, pero complementarios; de hecho, estos seres de luz que nos parecen tan lejanos están en realidad muy cerca de nosotros.

¿Los ángeles están lejos de algunas personas?

Cada individuo —creyente o ateo, bueno o malo— va siempre acompañado de una entidad invisible, de naturaleza espiritual, dotada de una inteligencia excepcional y de unos poderes extraordinarios, puesto que lleva consigo una parte de la energía divina que anima la creación y que pone a disposición de su protegido.

El encuentro con el ángel es una experiencia real, común a un gran número de personas y recogida y estudiada por muchos investigadores; se trata de algo real, porque en todos los casos provoca como consecuencia un cambio radical en la existencia de las personas. Poco importa si, al menos de momento, esta experiencia no puede «explicarse» mediante los parámetros de la ciencia tradicional y positivista.

Conseguir establecer una relación con el propio ángel es sumamente gratificante, puesto que se trata de encontrar una potencia celestial que nos pertenece, guía y ayuda en nuestra dimensión individual. En cierta manera, se trata de algo más directo, íntimo y personal de lo que pueda llegar a ser la misma relación con Dios como entidad soberana e infinita que nos pertenece a todos. El encuentro con el ángel es una experiencia totalmente privada; en efecto, sobre todo al principio, nos encontramos con una especie de reserva a compartir estas experiencias con los demás, pues se presupone que estas vivencias no son creíbles y se corre el peligro de hacer el papel del visionario o, peor todavía, el del impostor.

Queda por añadir que si bien la fe en Dios ya no extraña a nadie, ni siquiera a un ateo, expresar la fe en los ángeles puede provocar fácilmente un malentendido, ya que, al presentarnos a los ojos de los demás como ingenuos y supersticiosos, este hecho puede devaluar nuestra imagen social.

Tomás Kemeny puntualiza de forma muy acertada cuáles son las consideraciones que el hombre debe tener con los ángeles y cuáles deben ser las expectativas correctas: «Los ángeles no actúan de socorristas en un puesto de primeros auxilios, de enfermeras de la Cruz Roja, de psicoanalistas o de sustitutos ocasionales de un presentador de televisión. Los ángeles no forman parte del mundo útil, sino del lujo del espíritu». Se trata de una forma ocurrente de decir que para referirnos a ellos es necesario mantener un profundo respeto, de la misma forma que se precisa discernimiento y sobriedad en el momento de presentarles nuestras demandas.

Puede suceder que el ángel esté ausente cuando deseemos verlo y lo invoquemos y que, en cambio, aparezca cuando no se le esté buscando y no se piense en él. A veces puede ocurrir que se perciba de forma muy clara la presencia de entidades espirituales que nos cuidan.

Hay momentos en que los ángeles se comunican continuamente y usan manifestaciones y señales que se recogen e interpretan. En algunos casos puede plantearse la duda de si las señales que se reciben no son más que fenómenos casuales. Es precisamente en estas situaciones cuando pueden recibirse nuevas señales tan impresionantes que no sólo no pueden ser ignoradas, sino que, además, provocan una gran turbación. Se trata de las combinaciones o coincidencias de sucesos a las que Jung da el nombre de *sincronismos*.

> ## LOS ÁNGELES EN EL CINE
>
> *¡Qué bello es vivir! (It's a Wonderful Life)*, de Frank Capra (1946)
>
> Sin duda, el mayor clásico cinematográfico sobre ángeles. George Bailey se ha pasado toda su vida ayudando a sus vecinos, su familia y a todo aquel que ha podido, pero una desgracia hace que se quede en la ruina y decide suicidarse. Clarence, un ángel que todavía no ha ganado sus alas, le enseñará a George qué habría pasado si él no hubiera estado presente en la vida de los demás.
>
> *Fifí la Pluma (Fifi la Plume)*, de Albert Lamorisse (1965)
>
> En esta película se pone en escena la doble característica del salto del ángel (movimiento de ascenso/descenso) y la doble dimensión divina y demoniaca. Fifí trabaja en un circo y el director lo obliga a aprender el salto del ángel. Una bella amazona le enseña a volar; Fifí se enamora de ella, pero no tarda en enfrentarse a un domador que también la desea. Fifí no es realmente un ángel, pero se transforma en uno gracias al amor por una mujer. El ángel Fifí no puede alzar el vuelo, alejarse de la tierra y de sus maldades si no es por medio de esta pasión amorosa. Entonces ¿Fifí no es más que un bueno frente a un malvado? No, pues utiliza su capacidad de volar para escapar de quienes quieren su piel. Porque Fifí no se limita a volar por el cielo: entra en los castillos por la noche, en las casas dormidas, para robar joyas y objetos preciosos. ¡El ángel volador se ha convertido en ladrón! Roba por amor joyas para regalárselas a la mujer que ama... y que le ha enseñado a volar. Esta historia tie-

(Continúa)

ne una doble moral: Fifí se convierte en ángel por amor y se aprovecha del poder de volar que tienen los ángeles para robar.

Autopista hacia el cielo (Highway to Heaven), de Kevin Inch (1984-1989)

Esta serie televisiva narra las aventuras de un ángel en pruebas que es enviado a la Tierra para, con la ayuda de un ex policía, solucionar problemas de diversas personas a lo largo y ancho de Estados Unidos.

El cielo sobre Berlín (Der Himmel über Berlin), de Wim Wenders (1987)

Estamos en Berlín, antes de la caída del muro. Los ángeles Casiel y Damiel velan por los humanos y, desde hace siglos, recogen el monólogo interior de sus espiritualidades. No pueden más que asistir a los acontecimientos, no oyen ni saborean nada de ellos... Vieron aparecer la luz, el agua y el aire, los animales y el primer hombre. Con él descubrieron la risa y la palabra, pero también la guerra. Damiel siempre tuvo el deseo de entrar en la naturaleza humana. Lo cautiva Marion, una trapecista y, por su alma y su gracia, decide convertirse en humano y... mortal.

El corazón del ángel (Angel Heart), de Alan Parker (1987)

El detective Harry Angel es contratado por Louis Cyphre para encontrar a un desaparecido, Johnny Favourite, pero las cosas no son tan sencillas como parecen...

¡Tan lejos, tan cerca! (In weiter ferne, so nah!), de Wim Wenders (1993)

Ha caído el muro de Berlín. Casiel es un ángel que, como antaño Damiel, a fuerza de velar por los humanos durante siglos, desea volverse humano. Pero le sale todo mal.

(Continúa)

La mujer del predicador (The Preacher's Wife), de Penny Marshall (1996)

El reverendo Henry Biggs ve cómo su matrimonio se desmorona poco a poco por la falta de atención a su esposa y las pésimas condiciones de su vecindario. Por eso pide ayuda a Dios, que le envía a un ángel, Dudley, para que le ayude a solucionar sus problemas.

Michael, de Nora Ephron (1996)

Dos reporteros de la prensa sensacionalista descubren que una mujer vive con el arcángel Miguel (Michael). Pero cuando llegan al hogar de esta, sufren una gran decepción: Michael es malhablado, bebe y fuma, y nadie creería que es quien se presume si no fuera por las dos alas que tiene en su espalda...

City of angels, de Brad Silberling (1999)

Maggie Rice no creía en los ángeles... hasta que se enamoró de uno.

La rabia del ángel (La rage de l'ange), de Dan Bigras (2006)

La historia de amor y amistad de Francis, Luna y Eric, tres ángeles furiosos, desde las heridas de la infancia, pasando por el vagabundeo por las calles donde se refugian durante la adolescencia, hasta el umbral de la edad adulta. Una historia de resistencia y reconstrucción, con el precio de la violencia y la fuerza del amor.

Legión (Legion), de Scott Charles Stewart (2010)

Dios ha decidido el fin de la humanidad por sus pecados, pero uno de sus ángeles se rebela contra su decisión con la esperanza de que el ser humano aún puede salvarse.

Los ángeles y las creencias religiosas

Los ángeles son figuras que, por su carácter específico y su integridad, se encuentran casi exclusivamente en las llamadas *religiones del libro*, es decir, las basadas en un texto sagrado que los fieles aceptan como revelado: la hebraica (con la Biblia, pero limitada a la parte que nosotros denominamos Antiguo Testamento), la cristiana (con la Biblia al completo), y la islámica o musulmana (con el Corán).

Las religiones del libro son también conocidas como monoteístas, es decir, fundadas sobre la fe en un único dios. El porqué de la necesidad de los ángeles es muy sencillo: las religiones que conciben un ser supremo, distanciado por su absolutismo y su condición de ser sagrado, son aquellas que sobre todo requieren que existan seres intermedios entre lo trascendente y la humanidad, entre la entidad de luz y los seres de la tierra. Los ángeles, como mediadores, identifican el problema fundamental de la relación entre el hombre y la divinidad. En este sentido vemos también cómo la figura de los ángeles cambia a través de los siglos paralelamente a la evolución de la cultura y la civilización.

En cambio, en las religiones politeístas, los dioses aparecen a menudo individualmente y obran de modo directo en relación con los hombres. También en las religiones no monoteístas se encuentran a menudo figuras sobrenaturales intermedias que ejecutan algunas de las funciones propias de los ángeles: protección, consuelo, inspiración, guía y también custodia de los distintos elementos que constituyen el mundo natural. A pesar de ser seres bastante diferentes de los ángeles, acaban presentando muchas afinidades con estos. En la actualidad, desde Persia hasta Oriente, la idea de los ángeles tiende a hacerse cada vez más vaga e incierta.

El origen de los ángeles

En los inicios de la historia de la humanidad advertimos la presencia de espíritus benéficos de la naturaleza que presiden diversos elementos; a estos se contraponen los espíritus diabólicos que son una encarnación del mal y cuyas imágenes ya aparecían en las pinturas rupestres de la Prehistoria.

Según algunas personas, los ángeles derivan de los *manes*, es decir, de las almas divinizadas de los difuntos; de hecho, en muchas culturas se cree que los espíritus humanos, después de la muerte, se convierten en protectores de los vivos y evolucionan gradualmente hacia formas que ocupan escalones cada vez más altos en la jerarquía celestial.

De todos modos, debemos buscar el punto de inicio de una auténtica historia angelical en las religiones de Oriente Medio, en las cuales se consigue desarrollar completamente la idea de una entidad intermedia entre las dimensiones humana y divina. A partir de aquí se va deshaciendo la madeja que une las mitologías aria, asiriobabilónica, egipcia, persa, griega y gnóstica con las culturas hebraica, cristiana y, por último, islámica.

Si se realiza un acercamiento estrictamente arqueológico, es inevitable darse cuenta de que todas las pistas que conducen a los orígenes de los ángeles convergen en la civilización sumeria, más de tres milenios antes de nuestra era. En esa época, efectivamente, están fechadas las más antiguas estatuas aladas descubiertas.

El genio, bueno o malo, que representaba tanto a un ángel como a un demonio, surgió tempranamente como una de las figuras más recurrentes de la religión asiriobabilónica, tal como atestiguan las numerosas esculturas aparecidas durante las excavaciones llevadas a cabo en la zona (correspondiente al actual Iraq).

Esas estatuas de *Kâribu* —término que, tras una evolución lingüística, se transformaría más adelante en *querubín*— son, sin duda alguna, las mismas que el profeta Ezequiel evocó en sus visiones. Además de un aspecto monstruoso —con un rostro que mezclaba lo humano, lo leonino y lo bovino—, estas esculturas estaban dotadas de un doble par de alas, superiores e inferiores, que se juntaban en el centro de su espalda.

Junto con otros genios de una morfología tan insólita como la suya, por lo general representados con forma de toros alados, compartían una doble función respecto a la divinidad y al hombre, pues servían al uno y protegían al otro.

Decir que esos genios mantienen una serie de vínculos especiales con los futuros ángeles de las religiones cristiana y musulmana no constituye en absoluto una herejía. Algunos historiadores resaltaron que rastros de sus perfiles podían encontrarse, siglos más tarde, en las esculturas de algunas catedrales románicas.

Además, si se hace hincapié en que los primeros redactores de los textos bíblicos empezaron su obra tras el exilio de Babilonia, se pondrán en contexto las influencias espirituales y artísticas de las que fueron objeto.

El amplio panteón de las divinidades asiriobabilónicas cuenta con, entre otros, el dios Anu (que en sumerio significa «cielo»), quien tenía a su servicio unos seres muy particulares llamados *sukkali* (concretamente, la mujer y una larga comitiva de hijos) a los que utilizaba para entrar en contacto con los seres humanos. De hecho, el término *sukkal* significa «mensajero».

La función de protección del hombre se confiaba, en cambio, a divinidades personales que tenían la misión de contrarrestar desde el nacimiento los espíritus malignos, pero que abandonaban al individuo a su propio destino si cometía actos pecaminosos (algo que los ángeles bíblicos no hacen).

También se atribuye a los asiriobabilónicos la definición de dos de las formaciones de ángeles más importantes: querubines y serafines.

Asimismo, las religiones de la antigua Persia, como el zoroastrismo, cuentan con figuras que presentan muchas afinidades con los ángeles. El dios supremo Ahura-Mazda (el «Sabio Señor») generó seis entidades (*Amesha Spenta*, los «Benéficos Inmortales») que siempre están cerca de él, que participaron en la creación del mundo y que a menudo intervienen en los acontecimientos del mundo.

El zoroastrismo, en particular, cree en la existencia de un ser con funciones análogas a las del ángel de la guarda, la *Fravashi*, que se configura como una especie de «doble» trascendente del individuo que lleva a cabo funciones protectoras. La existencia de las Fravashi de todos los seres humanos es anterior al nacimiento de los individuos, y en la eternidad se encuentran delante de Ahura-Mazda, quien las utiliza para gobernar el universo. Por ello constituyen una asamblea permanente de todos los que deben nacer, de aquellos que han nacido y de quienes han muerto.

El judaísmo dio pie a la creación de una literatura rabínica muy rica constituida por los llamados Apócrifos veterotestamentarios; es decir, textos que, aunque trataban temas análogos a los que se encontraban en los libros «oficiales» de la Biblia, no se aceptaron como sagrados.

En estos textos se reflexionaba también sobre muchos temas que más tarde se retomarían en el Talmud y en el Midrash. Los Apócrifos están dedicados en gran parte a la angelología (en particular, el *Libro de Enoc*, como veremos posteriormente), enriqueciéndola con elementos coreográficos y con descripciones minuciosas que están casi ausentes en los libros canónicos. Se habla, por ejemplo, del ángel de la escarcha, del granizo y de la nieve.

Desde el mundo griego nos llega una contribución a la angelología: Homero, a través de sus poemas, da forma a las figuras de Hermes y de Iride, mensajeros de los dioses, única función que los emparenta, de alguna manera, con los ángeles bíblicos.

Bastante más cercanos a ellos están los daimones (divididos entre buenos y malos): se trata de almas divinizadas de nuestros antepasados, que ejercen de mediadores entre dioses y hombres, que protegen a estos últimos y, además, tienen la función de regir los elementos de la naturaleza. Sobre estos seres intermediarios no sólo se habla en la religión y en la mitología, sino también en la filosofía, pues tanto Sócrates como Platón se refieren a ellos más de una vez.

Sobre el papel de los ángeles en la Biblia, tanto en el Antiguo como en el Nuevo Testamento, hablaremos posteriormente en un capítulo independiente (véase la página 43).

Los ángeles en la gnosis

Los ángeles aparecen también, pero de forma muy original, en la propia cultura gnóstica que se desarrolla en Oriente durante el inicio de la era cristiana y que confluye en el cristianismo de los primeros siglos en forma de una herejía que los Padres de la Iglesia combatieron con dureza.

La gnosis (que en griego significa «conocimiento») se manifiesta como una tendencia religiosa de tipo sincrético que recoge diversos elementos procedentes de las distintas religiones mistéricas, de las corrientes mágicas y astrológicas, del hermetismo, del judaísmo alejandrino y de las filosofías helenísticas, especialmente de la neoplatónica.

Para el gnosticismo, que ensalza la dualidad entre espíritu y materia, la salvación —inducida a partir del sacrificio simbólico de Jesús— se explica a través del conocimiento de iniciación, que conduce a la liberación del alma de la prisión que para ella supone el cuerpo.

Según la gnosis, los ángeles son seres malvados que han creado el mundo material y lo gobiernan luchando entre sí, dedicado cada uno de ellos a afirmar su supremacía. Con la victoria final del espíritu, ellos serán destruidos junto a su creación.

La actitud de la Iglesia cristiana

La Iglesia ha tratado a los ángeles de muy distintas maneras. Ya hemos visto cómo en el IV Concilio Lateranense fueron reconocidos como artículo de fe. Este reconocimiento ha perdurado hasta nuestros días, tal como aparece claramente en el artículo 328 del *Nuevo Catecismo de la Iglesia católica*: «La existencia de los seres espirituales e incorpóreos, que las Sagradas Escrituras llaman normalmente ángeles, es una verdad de fe. El testimonio de las Escrituras es tan claro como la unanimidad de la Tradición».

Pero, por otra parte, la Iglesia no esconde una cierta desconfianza hacia estas figuras, justificada por el temor de que, en el culto popular, puedan usurpar el lugar que corresponde a Dios y a Jesucristo.

En el siglo IV, el Concilio Laodicense afirmó solemnemente que: «Los cristianos no deben abandonar ni a la Iglesia ni a Dios [...] invocar a los ángeles, celebrar en su honor [...] Si alguien se encuentra en esta idolatría escondida, que sea anatematizado, porque ha abandonado a Nuestro Señor Jesucristo Hijo de Dios y se ha convertido en un idólatra».

Este mismo concepto ha sido secundado actualmente por monseñor Del Ton, que ha escrito: «No debe exaltarse a los ángeles con especulaciones que puedan dañar a Cristo, disminuyendo o rebajando una superioridad soberana que la fórmula del símbolo niceno-constantinopolitano ya señala: "Todo ha sido creado para Cristo". El verbo de Dios, hecho hombre, es el jefe y soberano de los ángeles».

Todo esto confirma aquello que para la Iglesia ya estaba bastante claro desde un principio, como está escrito en el Nuevo Testamento (Apocalipsis 19, 10): «Me arrojé a sus pies para adorarle [al ángel] y me dijo: "Mira, no hagas eso; consiervo tuyo soy y de tus hermanos, los que tienen el testimonio de Jesús. Adora a Dios"».

Testigos y reflexiones ejemplares

Veamos ahora las reflexiones y los testimonios de algunos autores, gracias a los cuales conseguiremos ampliar y profundizar nuestro conocimiento sobre un tema muy apasionante y prácticamente ilimitado.

Empezaremos por el llamado salmista; este autor bíblico nos dice en el salmo 91, refiriéndose a Dios: «Pues te encomendará a sus ángeles para que te guarden en todos tus caminos, y ellos te levantarán en sus palmas para que tus pies no tropiecen en las piedras».

Hesíodo, poeta griego del siglo VIII a. de C., en su obra *Los trabajos y los días* nos dice:

> «Pero puesto que la tierra escondía en su regazo a esta generación ellos se han transformado ahora en espíritus beatos y viven aún sobre la Tierra, y son custodios de los hombres mortales, y vigilan las obras del bien y del mal. Vestidos de aire, se mueven por toda la tierra como dispensadores de riqueza. Este destino como regalo tuvieron ellos [...]».

San Agustín, uno de los más grandes doctores de la Iglesia, nos dice en el siglo V: «De cada una de las cosas visibles de este mundo se ocupa un ángel. Los ángeles son espíritus, pero no es el hecho de serlos lo que les hace ser ángeles. Se convierten en estos cuando se les encomienda una misión. El nombre de ángel, de hecho, se refiere a su función y no a su naturaleza. Si preguntáis por el nombre de esta naturaleza os contestaré que es espíritu; si preguntáis por su función os responderé que es la de ser ángel, que tiene el significado de mensajero».

El Maestro Eckhart, un místico de la Edad Media, nos explica: «Esto es lo que es mi ángel, nada más que una idea de Dios».

John Henry Newman, cardenal inglés que vivió en el siglo XIX, escribe que: «Aun siendo tan grandes, gloriosos, puros y estupendos que con sólo verlos (si se nos permitiera) nos lanzarían por los suelos, como le sucedió al profeta Daniel, que era un hombre santo y virtuoso, son nuestros compañeros de servitud y trabajo, y velan y defienden hasta al más humilde de los nuestros».

La estadounidense Mary Baker Eddy, fundadora en el siglo XIX del movimiento científico-religioso de la Ciencia Cristiana, dice que: «Los ángeles no son seres humanos etéreos que esconden en sus alas cualidades animales muy evolucionadas, sino más bien visitantes celestes que vuelan con plumas espirituales y no materiales. Los ángeles son sólo pensamientos de Dios, alados de verdad y amor, sea cual sea su individualidad. El hombre realiza conjeturas y les concede una estructura propia en su pensamiento, caracterizada por las supersticiones, y los convierte en criaturas con sugestivas plumas. Pero esto no es más que una fantasía detrás de la cual no existe mayor realidad que lo que hay en el pensamiento del artista cuando esculpe la estatua de la libertad, que encarna su concepto de cualidad invisible... Los ángeles son los representantes de Dios, seres que tienden hacia las alturas y nunca nos conducen al pecado o al materialismo, sino que nos guían hacia el principio divino de cada bien, allí donde se reúne cada individualidad real, a imagen y semejanza de Dios. Sólo es necesario prestar una atención sincera a estos guías espirituales y nos encontraremos con los ángeles sin saberlo».

Massimo Cacciari, un filósofo de formación marxista, también se sintió atraído por la problemática sobre los ángeles hasta el punto de que escribió un libro sobre el tema: *El ángel necesario* (Milán, 1986). En una entrevista[3] afirmaba que el ángel era una metáfora de la capacidad que posee la mente humana para salir del círculo cerrado de nuestro horizonte tridimensional y abrirse así a una cuarta dimensión. Cacciari observa que en el interior de las tradiciones monoteístas (hebrea, cristiana e islámica) existen, a propósito de los ángeles, diferencias muy notables, pero también numerosos puntos de contacto: «Más que las diferencias entre una tradición y la otra, es interesante destacar las dos diversas líneas de desarrollo que se han producido en el interior de las tres. Por un lado, una visión del ángel como una criatura

---

3. *Panorama,* 9 de febrero de 1986.

perfecta y separada de la humanidad, y por otro, una concepción de esta figura como "seducida" progresivamente por la naturaleza humana, puesto que el ángel, al compadecerse del hombre, se sitúa cada vez más cerca de él y se va debilitando hasta el punto de llegar a confundirse con él».

Henri Corbin, destacado islamista y profundo conocedor de la angelología, afirma que: «Si no existieran los ángeles, todos los universos de los dioses y del más allá permanecerían en el mundo del silencio. Los ángeles son los mensajeros de luz que anuncian e interpretan los misterios divinos».

¿Una entidad siempre positiva?

El número de ángeles es enorme. Los textos sagrados de las distintas religiones, cuando se refieren a ellos, hablan de comitivas, legiones o ejércitos. Las cifras al respecto son muy dispares, ya que oscilan desde los cien mil hasta los cuarenta y nueve millones de la cábala hebraica.

Al hablar de los ángeles, es necesario hacer una alusión, aunque sea breve, a sus antagonistas, los demonios. Desde un cierto punto de vista ambos son dos caras de lo mismo, en el sentido de que poseen idénticos orígenes, naturaleza y prerrogativas; la diferencia reside en el hecho de que los primeros están encaminados hacia el bien y la obediencia a la voluntad divina, mientras que los segundos han escogido el camino de la rebelión y del mal.

La existencia de ángeles y demonios se encuentra en conexión con el problema más dramático no sólo del hombre, sino también del universo: la lucha entre el bien y el mal. Emmanuel Swedenborg, del cual ya hemos hablado, afirma en su *Memorabilia* que: «Cuando le apetece a Dios, los buenos espíritus se nos aparecen y también a sí mismos, bajo forma de luminosas y límpidas estrellas, que resplandecen según su grado de caridad y fe, mientras que los espíritus malvados se muestran como bolitas de carbón ardiente».

La existencia del mal, según una consolidada tradición que se encuentra presente sobre todo en las grandes creencias monoteístas, pero también en otras religiones, derivaría de la rebelión, consumada en la noche de los tiempos, por parte de una multitud de ángeles que se negaron a obedecer a Dios y al orden cósmico que Él había creado.

El príncipe de los ángeles rebeldes es Lucifer, «el portador de la luz», «el hijo de la mañana», que también recibe el nombre de Satanás. Sobre él habla, en el Antiguo Testamento, el profeta Isaías (14, 12-15): «¿Cómo caíste del cielo, lucero brillante, hijo de la aurora, expulsado de la tierra, tú, el dominador de las naciones? Y tú decías en tu corazón: "Subiré a los cielos; en lo alto, sobre las estrellas del cielo, elevaré mi trono y me asentaré en el monte de la asamblea, en las profundidades del aquilón. Subiré por encima de las cumbres de las nubes, y seré igual al Altísimo". Pues bien, al *seol* has bajado, a las profundidades del abismo».

En la Biblia (tanto en el Antiguo como en el Nuevo Testamento) existen diversos fragmentos sobre la rebelión de Lucifer, pero se echa de menos una descripción detallada de los sucesos acaecidos.

Según el Génesis el mal existía ya antes del hombre, pues la mítica pareja de Adán y Eva fue seducida por el «tentador» en forma de serpiente.

Los ángeles en las otras religiones

El islamismo, como ya hemos dicho, se plantea la existencia de los ángeles y en el Corán se citan más de ochenta veces. Se afirma, por ejemplo: «Todos aquellos que no creen en Dios, en sus ángeles, en sus libros y en sus profetas se perderán en el último día pero de forma muy lejana» (4, 136).

El ángel (*malak*, «mensajero») es una criatura de luz dotada de alas, pura y perfecta. Pero, a pesar de esto, se sitúa en el último lugar del orden jerárquico que parte de Dios y que continúa con los arcángeles profetas, los seres humanos y los ángeles. Los ángeles, o *malaika*, protegen a la humanidad y apuntan todas las acciones de los hombres.

Para los místicos sufíes, en cambio, son los seres humanos quienes registran sus acciones, que se analizarán en el día del Juicio Final. «Sobre aquellos que dicen "Nuestro Señor es Dios" y se conforman, descienden los ángeles y dicen: "No tengáis miedo y no estéis afligidos, sino que recibid la buena nueva del paraíso que se os había prometido. Nosotros somos vuestros amigos, en esta y en la vida futura; y allí habrá para vosotros lo que desean vuestras almas y lo que pidáis"» (41, 30-31).

Los musulmanes consideran que Jesús, Isa, es un ser de naturaleza semiangélica y que, junto a los ángeles, se encuentra sentado cerca de Alá.

Entre los arcángeles, el más citado es Gabriel, Jibril, que habló a María de Nazaret y a Mahoma, al cual inspiró en sueños el texto del Corán. Otro de los arcángeles importantes es Miguel, Mikail, que domina las fuerzas de la naturaleza.

Las tareas específicas de los ángeles, antes incluso que la protección de los seres humanos, son la adoración de Dios y el cumplimiento de sus designios. Según el Corán, Dios mandó a sus ángeles a combatir en algunas de las batallas en las que luchó Mahoma: «Él respondió: "De verdad que os ayudaré con mil ángeles propagados sin intervalos". Esto era, en el diseño de Dios, sólo una buena nueva para que vuestros corazones se tranquilizasen... Y cuando tu Señor inspiró a los ángeles: "Sí, yo estoy con vosotros: dad fortaleza a los que creen. En cuanto a los no creyentes, lanzaré el miedo sobre sus corazones. Golpeadlos pues por debajo del cuello y en todas las junturas"» (8, 9-12).

Si continuamos hacia Oriente y entramos en el área cultural del hinduismo (sobre todo en la India, pero también en otras naciones asiáticas) y del budismo (Asia meridional y oriental), nos encontramos con mitologías extremadamente complejas en las que abundan las divinidades: genios, ninfas, elfos, ángeles y demonios. Esta muchedumbre de apariencia anárquica, de seres intermedios, energías e «hipotencias», forma, en realidad, una jerarquía de fuerzas continuamente activas que, de forma directa o indirecta, están en contacto con los hombres.

Destaca, en particular, el *bodhisattva* budista, aquel que ha recorrido todos los niveles de la perfección durante sus infinitas existencias y que por esa razón está destinado a convertirse en un futuro Buda, que renuncia a alcanzar la iluminación personal para ayudar a los hombres a encontrar junto a él el camino de la perfección *(paramita)*. Puede compararse esta figura a un ángel, puesto que asume un papel de guía, lleva a cabo curaciones, distribuye premios o castigos y acompaña a las almas en su paso de la vida a la muerte.

El taoísmo chino considera la existencia de los demonios y de los ángeles. Sobre los ángeles dice que están formados por *hoven* o almas divinas, que se presentan al hombre bajo forma de sueños y se encargan de explicar en el cielo sus acciones.

El chamanismo no se considera exactamente una religión sino, más bien, una práctica de culto unida a una cierta concepción de la realidad. Típico de las poblaciones siberianas, se encuentra también con aspectos análogos en muchas otras culturas del resto de Asia, África, Oceanía y América. En su centro encontramos al chamán (hombre-medicina), que, mediante unas técnicas arcaicas particulares, consigue situarse en una condición estática y emprender viajes cósmicos fuera de su cuerpo, durante los cuales entra en contacto con la dimensión extrahumana, poblada de antepasados, espíritus de la naturaleza y también espíritus-guía. Se trata de una cultura muy antigua, que de nuevo volvió a cobrar importancia de la mano del célebre etnólogo peruano Carlos Castaneda.

Los ángeles en la Biblia

Rasgos específicos de los ángeles

Por su propia naturaleza o por sus funciones y roles en cuanto a su relación con Dios y con los hombres, los ángeles presentan varios rasgos específicos que les llevan a ser:

— Ajenos a las limitaciones espaciales: como espíritus que son, pueden estar literalmente en todas partes y obrar en consecuencia.

— Ajenos a las leyes temporales: puesto que son criaturas creadas a imagen de Dios, son independientes de toda consideración de duración.

— Depositarios de todo el conocimiento: productos puros del amor divino, los ángeles están impregnados de su espíritu.

— Totalmente libres: esta noción de libertad es fundamental en la religión judeocristiana, ya que el amor del Dios creador se expresa perfectamente en el libre albedrío que ofrece a sus criaturas, sean ángeles, sean hombres.

Al finalizar los grandes acontecimientos políticos, intelectuales y espirituales que conmocionaron el mundo antiguo —y que llevaron, en la religión, a la supremacía del culto monoteísta—, se presentó a los ángeles como las criaturas espirituales del Dios único, Jehová. Estos espíritus puros habían sido creados por Él, al igual que el hombre, y se beneficiaban de su misma libertad, aunque se encontraran subordinados a la autoridad del Dios único.

Sin embargo, al hablar de mensajeros nos referimos a las relaciones particulares con el hombre, al que asisten en su búsqueda de Dios, y por el que pueden interceder, especialmente a la hora del Juicio Final.

En este mismo sentido, algunos de estos ángeles empiezan incluso a imponerse como los guardianes privilegiados de las almas a través de su reconocida función de ángel de la guarda: una «especialización» que, en definitiva, se prolongará felizmente a lo largo de los tiempos, ya que la idea de una protección permanente contiene tanto un matiz religioso como una simple creencia en «la buena estrella».

Aquí, una vez más, la imagen del ángel aparece de forma muy ambivalente, ya que puede considerarse indistintamente como la encarnación de un acto de fe y como una representación simbólica de la suerte.

Sea como sea, al tiempo que esas entidades pierden todo el poder que les habían otorgado las religiones politeístas, ganan una función casi política en ese sentido y se imponen como el ejército de Dios, directamente comprometido contra las fuerzas del mal, representadas por los ángeles que se sublevaron contra Dios y que fueron desposeídos por este, generando un combate secular que se ha prolongado hasta en las criaturas humanas.

Intermediarios entre Dios y el hombre, anunciadores de la voluntad divina (como ejemplifica el mensaje de Gabriel a María), protectores de las criaturas de Dios (Daniel salvado de la voracidad de los leones), iluminadores de inteligencias y de las almas (Daniel, una vez más, a quien Dios envía al arcángel Gabriel para revelarle el sentido oculto de su visión del carnero y el cabrío) y en lucha para el triunfo del amor y la verdad suprema, los ángeles participan activamente en la instauración del mundo perfecto anunciado por las Escrituras.

Los ángeles en el Antiguo Testamento

Además de las visiones de Isaías y de Ezequiel, existen numerosas narraciones en el Antiguo Testamento en que los ángeles son los principales protagonistas, pero faltan descripciones sistemáticas sobre su naturaleza y su relación con Dios y los hombres.

En el Génesis se habla sobre ellos (capítulo 3, 23-24) cuando Dios echa a Adán y a Eva a causa de su transgresión y los pone bajo la protección del paraíso terrestre de los querubines.

A la esclava Agar se le aparece un ángel (capítulo 16) que le anuncia el nacimiento de su hijo Ismael y que le comunica que su descendencia se multiplicará de tal manera que no será posible contarla; a los ismaelitas se los considera, de hecho, como los antepasados de las tribus árabes (véase también el capítulo 21).

A Abraham se le aparecen tres ángeles, con el aspecto de hombres, que comen en su mesa y le anuncian el nacimiento de su hijo Isaac (capítulo 18). También es un ángel el que frena la mano de Abraham, cuando este se encuentra a punto de sacrificar a su hijo (capítulo 22).

En el capítulo 19, dos ángeles que viajan a Sodoma poco antes de su destrucción resultan tan atractivos a sus habitantes que despiertan un deseo homosexual que empieza a acecharlos.

Jacob, hijo de Isaac: «Tuvo un sueño en el que veía una escala que, apoyándose en la tierra, llegaba hasta el cielo, y por la cual subían y bajaban los ángeles de Dios» (capítulo 28, 12).

A Moisés se le aparece un ángel en el desierto como una llama en medio de una zarza (Éxodo 3, 2).

En el capítulo 13 del Libro de los Jueces, un ángel anuncia el nacimiento de Sansón.

Al profeta Elías le acompaña un ángel mientras se encuentra solo en el desierto (I Reyes, 19).

El *Libro de Daniel* presenta dos historias muy largas y particularmente dramáticas en las que los ángeles desarrollan un papel activo y de gran importancia. La primera cuenta el relato de tres jóvenes que el rey Nabucodonosor de Babilonia condena a los hornos ardientes porque se han negado a adorar una estatua; un ángel consigue sacarlos sanos y salvos (capítulo 3). En la segunda, el protagonista es el mismo Daniel, que, enviado al foso de los leones, se salva gracias a la intervención de un ángel (capítulo 6).

Citas principales

Adán y Eva expulsados del paraíso terrenal (Génesis, III)

«[...] Y Yahvé Dios expulsó a Adán del jardín del Edén para que cultivara la tierra de la que había salido. Así pues, echó fuera al hombre y, al oriente del huerto de Edén, puso querubines y una espada encendida que se revolvía en todas las direcciones para guardar el camino del árbol de la vida».

La destrucción de Sodoma (Génesis, XIX)

«Empezaba a anochecer cuando los dos ángeles llegaron a Sodoma. Lot estaba sentado a la entrada de la ciudad, que era el lugar donde se reunía la gente. Cuando los vio, se levantó a recibirlos; se inclinó hasta tocar el suelo con la frente. Y les dijo: "Señores, por favor, os ruego que aceptéis pasar la noche en la casa de vuestro servidor. Allí podréis lavaros los pies, y mañana temprano seguiréis vuestro camino". Pero ellos dijeron: "No, gracias. Pasaremos la noche en la calle". Sin embargo, Lot insistió mucho y, al fin, ellos aceptaron ir con él a su casa. Cuando llegaron, Lot les preparó una buena cena, hizo panes sin levadura, y los visitantes comieron.

»Todavía no se habían acostado cuando todos los hombres de la ciudad de Sodoma rodearon la casa y, desde el más joven hasta el más viejo, empezaron a gritarle a Lot: "¿Dónde están los hombres que vinieron a tu casa esta noche? ¡Sácalos! ¡Queremos acostarnos con ellos!".

»Entonces Lot salió a hablarles y, cerrando bien la puerta detrás de él, les dijo: "Por favor, amigos míos, no vayáis a hacer una cosa tan perversa. Escuchad: tengo dos hijas que todavía no han estado con ningún hombre; voy a sacarlas para que hagáis con ellas lo que queráis, pero no les hagáis nada a estos hombres, porque son mis invitados". Pero ellos le contestaron: "¡Hazte a un lado! Sólo faltaba que un extranjero como tú quisiera darnos órdenes. ¡Pues ahora te vamos a tratar peor que a ellos!". Enseguida comenzaron a maltratar a Lot y se acercaron a la puerta para echarla abajo. Pero los visitantes de Lot alargaron los brazos y lo introdujeron dentro de la casa, luego cerraron la puerta y cegaron a los hombres que estaban afuera. Todos, desde el más joven hasta el más viejo, quedaron sin vista y se cansaron de ir buscando la puerta.

»Entonces los visitantes le dijeron a Lot: "¿Tienes más familiares aquí? Toma a tus hijos, hijas y yernos, y todo lo que tengas en esta ciudad; sácalos y llévatelos lejos de aquí. Vamos a destruir este lugar. Ya son muchas las quejas que el Señor ha tenido contra la gente de esta ciudad y por eso nos ha enviado a destruirla".

»Entonces Lot fue a ver a sus yernos, o sea, a los prometidos de sus hijas, y les dijo: "¡Levantaos e idos de aquí, porque el Señor va a destruir esta ciudad!". Pero sus yernos no tomaron en serio las palabras de Lot.

»Como ya estaba amaneciendo, los ángeles le dijeron a Lot: "¡Deprisa! Levántate y llévate de aquí a tu esposa y a tus dos hijas, si no quieres morir cuando castiguemos a la ciudad". Pero como Lot se retrasaba, los ángeles los tomaron de la mano, porque el Señor tuvo compasión de ellos, y los sacaron de la ciudad para ponerlos a salvo».

El sacrificio de Abraham (Génesis, XXIII)

«Abraham construyó un altar y preparó la leña. Después ató a su hijo Isaac y lo puso sobre el altar encima de la pira. Entonces tomó el cuchillo para sacrificar a su hijo.

»Pero en ese momento el ángel del Señor le gritó desde el cielo: "¡Abraham! ¡Abraham!". Este respondió: "¡Aquí estoy!". El ángel le dijo: "¡No pongas tu mano sobre el muchacho ni le hagas ningún daño! Ahora sé que temes a Dios, porque ni siquiera te has negado a darme a tu único hijo". Abraham alzó la vista y, en un matorral, vio un carnero enredado por los cuernos. Fue allí, tomó el animal y lo ofreció como holocausto en lugar de su hijo».

El sueño de Jacob (Génesis)

«Jacob [...] tuvo un sueño: vio una escalera, que estaba apoyada en la tierra, que tocaba el cielo con la otra punta, y por ella subían y bajaban los ángeles de Dios. Yahvé estaba de pie a su lado y le dijo: "Yo soy Yahvé, el Dios de tu padre Abraham y de Isaac"».

»[...] Jacob siguió su camino, y le salieron al encuentro ángeles de Dios. Jacob se maravilló y dijo: "Campamento de Dios es este. Y llamó a aquel lugar Mahanaim"».

Nacimiento de Sansón (Jueces, XIII)

«Pero el ángel del Señor se le apareció y le dijo: "Eres estéril y no tienes hijos, pero vas a concebir y tendrás un vástago"».

Huida de Elías ante Jezabel (primer libro de los Reyes, XIX)

«Luego se acostó debajo del arbusto y se quedó dormido. De repente, un ángel lo tocó y le dijo: "Levántate y come". Elías miró a su alrededor y vio a su cabecera un panecillo cocido sobre carbones calientes y un jarro de agua. Comió y bebió, y volvió a acostarse. El ángel del Señor regresó y tocándolo le dijo: "Levántate y come, porque te espera un largo viaje". Elías se levantó y comió y bebió. Una vez fortalecido por aquella comida, viajó durante cuarenta días y cuarenta noches hasta que llegó a Horeb, el monte de Dios».

Visión de Daniel (Daniel, VIII)

«Mientras yo, Daniel, contemplaba la visión y trataba de entenderla, de repente apareció ante mí alguien de apariencia humana. Escuché entonces una voz que desde el río Ulay gritaba: "¡Gabriel, dile a este hombre lo que significa la visión!". Cuando Gabriel se acercó al lugar donde yo estaba, me sentí aterrorizado y caí de rodillas. Y me dijo: "Ten en cuenta, criatura humana, que la visión tiene que ver con la hora final"».

Aparición de un ángel a Daniel (Daniel, X)

«Levanté los ojos y vi ante mí a un hombre vestido de lino, con un cinturón del oro más refinado. Su cuerpo brillaba como el topacio, y su rostro resplandecía como el relámpago; sus ojos eran dos antorchas encendidas, y sus brazos y piernas parecían de bronce bruñido; su voz resonaba como el eco de una multitud. [...] Y me dijo: "Levántate, Daniel, pues he sido enviado para verte. Tú eres muy apreciado, así que presta atención a lo que voy a decirte". En cuanto aquel hombre me habló, me puse de pie tembloroso».

Los ángeles en el Nuevo Testamento

Los ángeles desarrollan también en el Nuevo Testamento funciones de gran importancia, puesto que son ángeles los que anuncian a Isabel el nacimiento de su próximo hijo Juan Bautista y a María el nacimiento de Jesús (Lucas 1), y son también ellos los que tranquilizan a José asegurándole que el hijo que esperan ha sido concebido por el Espíritu Santo (Mateo 1).

También es un ángel el que anuncia a los atemorizados pastores de Belén el nacimiento del Redentor; a él se añade toda una comitiva: «Al instante se juntó con el ángel una multitud del ejército celestial, que alababa a Dios diciendo: "Gloria a Dios en las alturas y paz en la tierra a los hombres de buena voluntad"» (Lucas 2, 13-14).

Cuando Herodes está a punto de desencadenar la matanza de los inocentes, un ángel aconseja a José que huya con su familia a Egipto y, más tarde, pasado el peligro, lo hace volver (Mateo 2).

Jesús crece y se convierte en un adulto y, antes de emprender su predicación, se retira durante cuarenta días en el desierto, donde el diablo lo tienta en vano: «Entonces el diablo le dejó, y llegaron ángeles y le servían» (Mateo 4, 11).

En las parábolas de Jesús nos encontramos muy a menudo con pasajes en los que aparecen los ángeles, por ejemplo, cuando anuncian su gloriosa resurrección (Mateo 28, Marcos 16, Lucas y Juan 20).

También en los Hechos de los Apóstoles se registran muchas intervenciones de los ángeles; y en el Apocalipsis, Juan recibe, a través de un ángel, las imágenes con las visiones y los símbolos referidos a los sucesos del futuro.

Anunciación del nacimiento de Juan el **Bautista** *(Lucas, I)*

«En esto un ángel del Señor se apareció a Zacarías a la derecha del altar del incienso. Al verlo, este se asustó, y el temor se apoderó de él. El ángel le dijo: "No tengas miedo, Zacarías, pues ha sido escuchada tu oración. Tu esposa Elisabet te dará un hijo, y le pondrás por nombre Juan"».

LOS ÁNGELES EN LA PINTURA

El arcángel Rafael alejándose de la familia de Tobías, de Rembrandt (1606-1669), museo del Louvre.

El arcángel Rafael es el príncipe de todos los ángeles de la guarda. Su misión es salvar, curar, consolar y ayudar a los hombres en todas las situaciones, incluso las más desesperadas. La historia del arcángel Rafael y Tobías se narra en las páginas 61-63.

La jerarquía de los ángeles, cuadro de un desconocido pintor italiano del siglo XIV, museo del Louvre.

Los serafines están en el vértice de la jerarquía, rodean el trono de Dios, que está en el centro, y están representados con seis alas rojas. Bajo ellos, a la izquierda, se ven los querubines, cada uno con cuatro alas azules. A continuación vienen los ángeles y los arcángeles.

En la línea azul, el arcángel Miguel está representado cuatro veces, vestido de caballero y armado con una espada, separando a los ángeles buenos de los malos. Aparece en cuatro ocasiones para mostrar que caza demonios al norte, al sur, al este y al oeste. A la derecha los asientos están vacíos: son los que corresponden a los ángeles rebeldes que, en su batalla, caerán a la tierra y se transformarán en diablos murciélagos. Cuando los ángeles se alejan del cielo y se acercan a la tierra, sus vestidos pierden los bellos colores. También existen ángeles cocineros, carpinteros, músicos...

La cocina de los ángeles, de Bartolomé Esteban Murillo (1618-1682), museo del Louvre.

En este cuadro de 1646, de Murillo, se ve un monje en pleno éxtasis, con los pies sin tocarle al suelo. Mientras él levita, los ángeles pasan a la mesa, preparan los platos y los sirven. Se dice que la obra representa al hermano Francisco Dirraquio, encargado de las cocinas, que asiste sorprendido al trabajo de los ángeles que preparan la comida, y que se queda sorprendido por la levitación del superior del monasterio.

(Continúa)

Este cuadro formaba parte de una magnífica serie de doce pinturas ejecutadas para embellecer el pequeño monasterio de los franciscanos de la ciudad de Sevilla, a la que también pertenece *Fray Junípero y el pobre*.

Adán y los ángeles músicos, de Stefano di Giovanni, llamado Sasseta (ca. 1400-ca. 1450), museo del Louvre.

Los ángeles existían mucho antes que el hombre. Un día Dios decidió dar un alma a Adán, y no una cualquiera, sino ejemplar, puesto que era el primer hombre. Sin embargo, el alma no quiso entrar en el cuerpo del primer hombre Adán. Dios pidió a sus arcángeles que entraran en el cuerpo de Adán para tocar música y, entonces, el alma, subyugada, saltó a su interior. Desde aquel día el hombre tiene cuerpo y alma.

A los ángeles no siempre les corresponde realizar tareas agradables. Así, por ejemplo, tuvieron que encargarse de expulsar a Adán y Eva del paraíso terrenal, por orden de Dios. Algunos ángeles se rebelaron contra Dios, como Satanás.

San Miguel abatiendo al demonio, de Rafael (1483-1520), museo del Louvre.

El arcángel Miguel, juez, justiciero y contable de Dios, es el encargado por Él de registrar nuestras buenas y malas acciones en los grandes libros. En este cuadro de Rafael, datado en 1518, Miguel abate a Satanás, el ángel rebelde, que se había negado a prosternarse ante el hombre, tal como Dios le había pedido que hiciera, con el pretexto de que, al haber sido creado a partir de una materia noble, el fuego, él no podía arrodillarse ante el hombre, hecho de limo negro y arcilla.

Pero Miguel no acaba de vencer a Satanás. A veces lo domina y lo hace prisionero, pero este se escapa y hace temblar al mundo. En el cuadro de Rafael, Miguel está representado con una magnífica indumentaria de caballero, con unos colores vivos que muestran su fuerza divina.

(Continúa)

La Anunciación, del taller de Rogier van der Weyden (1399/1400-1464), entre 1435 y 1440, museo del Louvre.

El arcángel Gabriel, príncipe de los mensajeros, siempre está representado con una flor de lis cerca de él. A menudo visita a los hombres mientras duermen, pero muchas veces tiene que volver otra vez a pleno día para hacer entender su mensaje.

Se cuenta que Gabriel se había aparecido a María, la madre de Jesús, una mañana que ella iba a buscar agua, pero que ella creyó haberlo soñado. Entonces Gabriel volvió al mediodía, acompañado de otro ángel, y le dijo: «Bendita eres, María, y Jesús, tu hijo, nacerá del Espíritu Santo y será bendito».

Pasado un tiempo, María, advertida por su ángel de la guarda, fue al templo de Jerusalén para hablar a Dios: «Os ruego, Señor, que me enviéis al arcángel Miguel para que esté cerca de mí cuando me llegue la hora de la muerte hasta que mi alma haya salido de mi cuerpo». Tiempo después, María cayó enferma. Los ángeles entraron en su casa, seguidos por el diablo y unos demonios, pero el arcángel Miguel, enviado por el Señor, montaba guardia y los expulsó de allí. Cuando María murió, el arcángel Gabriel y su tropa de ángeles recibieron su alma y la depositaron en una tela de seda blanca, y un cortejo de ángeles músicos acompañó el alma de María hasta el lado de Dios.

En *La Anunciación* se ve al arcángel Gabriel representado en una miniatura en el momento de aparecerse a Mahoma. El rostro del profeta es blanco porque no está permitido representarlo. Gabriel reveló el Corán a Mahoma, y también el misterio de la Creación, los cielos y el lugar de los ángeles.

«Yo, Mahoma, os hablaré de los ángeles que llevan el trono. Cada uno tiene cuatro rostros: uno mirando hacia arriba, otro hacia atrás, otro hacia la derecha y otro hacia la izquierda; uno de hombre, otro de águila, otro de león y otro de toro. El rostro del hombre pedirá a Dios por los hombres; la cara del águila solicitará a Dios el favor de los pájaros; la del león lo hará a favor de los animales de la selva, mientras la del toro suplicará a Dios por los animales domésticos. Estos ángeles tienen seis alas y no cesan de loar a Dios».

(Continúa)

En un cuadro de Giotto, se ve una representación de estos ángeles de seis alas que viven cerca de Dios.
No hemos de olvidar que el arcángel Gabriel también es profesor y escritor.

Anunciación del nacimiento de Jesús a María (Lucas, I)

«A los seis meses, Dios envió al ángel Gabriel a Nazaret, pueblo de Galilea, para visitar a una joven virgen comprometida para casarse con un hombre que se llamaba José, descendiente de David. La virgen se llamaba María. El ángel se acercó a ella y le dijo: "¡Te saludo, llena de gracia, el Señor está contigo". Ante estas palabras, María se perturbó y se preguntó qué podría significar este saludo. El ángel le dijo: "No tengas miedo, María; Dios te ha concedido su favor. Quedarás encinta y darás a luz un hijo, y le pondrás por nombre Jesús"».

Anunciación del nacimiento de Jesús a José (Mateo, I)

«Como José, su esposo, era un hombre justo y no quería exponerla a vergüenza pública, resolvió divorciarse de ella en secreto. Pero cuando él estaba considerando hacerlo, se le apareció en sueños un ángel del Señor y le dijo: "José, hijo de David, no temas recibir a María por esposa, porque ella ha concebido por obra del Espíritu Santo"».

La huida a Egipto (Mateo, II)

«Cuando ya se habían ido, un ángel del Señor se le apareció en sueños a José y le dijo: "Levántate, toma al niño y a su madre, y huye a Egipto. Quédate allí hasta que yo te avise, porque Herodes va a buscar al niño para matarlo"».

La tentación de Jesús (Mateo, IV)

«Luego el diablo le dijo: "Si eres el Hijo de Dios, entonces tírate abajo. Porque escrito está: ordenará a sus ángeles que te sostengan en sus manos, para que no tropieces con ninguna piedra"».

La aparición a María Magdalena (Juan, XX)

«Mientras lloraba, se inclinó para mirar dentro del sepulcro y vio ahí a dos ángeles vestidos de blanco, sentados donde había estado el cuerpo de Jesús, uno a la cabecera y otro a los pies».

La redefinición de la función de los ángeles

El nacimiento de Dios como hombre en la persona de Jesucristo cuestionará de un modo muy singular el lugar que ocupaban hasta entonces los ángeles y cambiará la orientación de su papel de vínculo entre el hombre y la divinidad: así, a partir de ese momento se convierten únicamente en servidores de su Creador.

Poco importa desde entonces si su función es la de ensalzador, mensajero o guerrero. Las diferentes funciones tienen sólo un objetivo: servir los designios de Dios —partiendo de la verdad, la luz y el amor— sin olvidar al hombre, para quien fue creado el mundo, y a quien se encargan de asistir en el duro camino de la redención.

Además, hay muchas citas del Nuevo Testamento que son testigo de esta revolución, fácilmente perceptible desde el anuncio del arcángel Gabriel a María de su divina maternidad. A partir de ese instante, los ángeles ceden efectivamente lugar a su Señor, contentándose con intervenir cuando él se lo pide, explícita o implícitamente. De ese modo pueden luchar junto a Él («¿Crees que no podría invocar a mi Padre, que me daría de inmediato doce legiones de ángeles?», afirma Cristo en el Evangelio según San Mateo), escoltar a las almas puras hacia el cielo o desviar el camino de cada ser para su salvación. Al perder su condición de intermediarios privilegiados entre Dios y el hombre —puesto que el don de su Hijo por parte de Dios renovó el diálogo directo entre el Creador y sus criaturas—, los ángeles dejan de ser, por tanto, el único vínculo que permite a la divinidad entrar en relación con el ser humano.

Debido a lo anterior, es imposible rendirles culto, ya que no les corresponde, y en el caso de que así fuera, habría degenerado en una especie de politeísmo, un hecho que San Pablo no dejó de subrayar en diferentes intervenciones públicas.

Sobre esta base fueron definidas las nuevas condición y función de los ángeles, que se impusieron a los creyentes como criaturas ejemplares cuya felicidad era su pleno compromiso al servicio de Dios.

Se trataba de unos seres idealmente puros, cuya imitación convenía al hombre para reconciliarse plenamente con Dios y entrar en su reino al mismo nivel de ellos.

¡Cuántas órdenes monásticas se inspiraron así en el modelo de los ángeles para alimentar el impulso espiritual de sus miembros!

Los tres arcángeles

Aunque los ángeles aparecen periódicamente en el gran libro sagrado, sólo tres de ellos se nombran claramente: Gabriel, Miguel y Rafael. Se trata de tres entes superiores al resto (*arcángel* significa literalmente «jefe de los ángeles») con misiones especiales: la doble anunciación del nacimiento de Juan Bautista al sacerdote Zacarías y la de Jesucristo a la Virgen María por parte de Gabriel, el combate entre Satán y Miguel y, finalmente, el rol reservado a Rafael, el cual se acomoda perfectamente a la simple función de ayuda (en especial al joven Tobías) y que prefigura el advenimiento del cristianismo. Él es el testimonio elocuente de estar al servicio de Dios y de los hombres.

> ## NOMBRES DE ARCÁNGELES
>
> Dar el nombre de un arcángel a un niño es disponer a este bajo su protección y esperar a descubrir cómo sigue su camino. De cualquier modo, la elección de un nombre concreto queda a gusto de cada uno.
> Es así como Gabriel puede convertirse en Gabriele, Gabrielle, Gabrielo, Gabriello, Bielo, Gaby o Gabrio para los niños; y en Gabrielle, Gabriela, Gabrilo, Gabriele o Gaby para las niñas.
> De igual manera, Miguel ha dado lugar a Michele, Mikel, Michael, Mikael, Mijaíl, Michelangelo, Miguel, Micha, Michal, Mihaly, Mik, Mick, Mike y Mitchell para los niños; y Michèle, Michelle, Michela, Michaela, Mikaela, Micaela, Mikala, Mikela, Michealina, Miguela, Micheline, Michelina y Misha para las niñas.
> Rafael está en el origen de los siguientes nombres: Rafael, Rephael, Rafel, Raphail, Rafaele, Raffaele, Raffaelo y Raffaello para los niños; y Raphaelle, Raphaële, Raphaëlle, Rafaela, Raffaella y Raphaela para las niñas.

La devoción hacia los arcángeles

Aunque el culto rendido a los arcángeles es de inspiración antigua, no ha dado lugar a la edificación de santuarios... excepto en el caso de Miguel. Es cierto que numerosas iglesias, capillas y otros edificios religiosos muestran en sus paredes el testimonio de la devoción de algunos artistas por los arcángeles. Se trata de creadores que han ilustrado —cada uno a su manera y según la estética del momento— los momentos más significativos de las acciones «arcangélicas» que nos narran las Escrituras. Sin embargo, sólo encontramos como lugares dedicados exclusivamente a los arcángeles la abadía de Mont-Saint-Michel y la basílica de

Monte Sant'Angelo. Es verdad que la edificación de estos dos santuarios está condicionada por la aparición del arcángel, algo que los convierte en lugares de peregrinación obligada.

La aparición de San Miguel en el Monte Sant'Angelo

La tradición narra cómo en el año 493 en una pequeña gruta del monte Gargan —que se rebautizaría como monte Sant'Angelo tras los milagrosos acontecimientos que evocamos a continuación con detalle— se produjo un acontecimiento prodigioso.

Unos campesinos, tras salir en busca de un toro que se había escapado, lo encontraron en una cueva. Uno de ellos, asustado por la agresividad del animal, preparó su arco y le disparó. Pero, para sorpresa de todos, la flecha, lejos de alcanzar su objetivo, se volvió contra el que la había lanzado y le causó la muerte.

Tras presenciar tal prodigio, los otros campesinos huyeron del lugar en busca del consejo del obispo local, Lorenzo, quien les recomendó tres días de ayuno y plegarias. Tras este breve periodo de penitencia, se produjo el milagro; el arcángel Miguel se apareció a Lorenzo y le dijo: «Yo soy aquel que está siempre cerca de Dios. Aquella cueva me pertenece y he recurrido a este signo para hacerlo saber. A partir de este momento, no se derramará la sangre de ningún otro toro».

Con estas palabras, Miguel acabó definitivamente con un rito pagano secular, según el cual los peregrinos estaban obligados a pasar una noche en la cueva cubiertos con la piel de un toro recién sacrificado con el fin de obtener una cura.

Respetuosos con la palabra del arcángel, el obispo y todos sus feligreses empezaron a ir a rezar al lugar del prodigio, que, desde entonces, se consideró sagrado.

Pero esto era tan sólo el preludio del milagro. De hecho, un poco más tarde, la región fue invadida por los napolitanos. Como los habitantes no sabían si rendirse o si oponerse a los invasores, el obispo tuvo la idea de negociar la suspensión de las hostilidades durante tres días. Esta tregua resultó ser una gran idea, puesto que, tras finalizar —se supone que durante ella se rezó al arcángel—, San Miguel se apareció de nuevo al obispo y le aseguró que la piedad de los suyos no había sido en vano y que obtendrían la victoria si seguían sus consejos estratégicos; es decir, si atacaban poco antes del alba. Así lo hicieron, y pudieron constatar que Miguel combatía junto a ellos, lanzando flechas envueltas en fuego contra sus enemigos.

Ante este nuevo prodigio, el obispo decidió que ya había llegado el momento de consagrar la cueva. Pero para asegurarse consultó al papa, quien le instó a conocer la voluntad del arcángel sobre este tema. A fin de obtener una respuesta de San Miguel, el obispo invitó a los habitantes del lugar a seguir un nuevo periodo de ayuno de tres días. Y, al igual que las otras dos veces, el arcángel se apareció en persona ante los fieles al acabar la penitencia y les dijo: «No debéis consagrarme la iglesia, puesto que ya la he consagrado yo mismo. Encontraréis las pruebas de ello». Tras este mensaje, el obispo y sus feligreses acudieron al día siguiente a la cueva y, para su sorpresa, la encontraron iluminada pese a que en ella no ardía ningún candelabro.

En la actualidad hay allí tres altares —con el pie del arcángel grabado en uno de ellos— y una fuente milagrosa. Desde ese momento, el lugar se convirtió en un santuario dedicado a San Miguel, cuyo culto se extendió por todo Occidente. Desde aquel 29 de septiembre, la Iglesia festeja el día de este arcángel.

Aunque la gruta se conserva parcialmente en el mismo estado en el que se encontraba en aquella época, se construyó también una basílica de inspiración gótica y romana. Edificada durante el siglo XIII, cuenta con unas magníficas puertas de bronce con incrustaciones de esmalte multicolor que evocan las diferentes apariciones del arcángel. Una celebración solemne reúne a los peregrinos en la cueva el día de San Miguel.

La bella historia del Mont-Saint-Michel

Durante los primeros siglos de la cristiandad, el gran bosque de Scissy se extendía por toda la bahía de Avranche. Tres montes sobresalían en ella: el Tombe, el Tombelaine y el Dol. Estos lugares elevados, consagrados por la cultura pagana y testimonio de la ocupación romana, iban pronto a cambiar de orientación. De hecho, desde finales del siglo V, algunos ermitaños cristianos empezaron a ocupar estos enclaves. Pero aún sería necesario que pasaran varias décadas para llegar a la parte de la historia del monte que nos interesa realmente.

San Aubert

En los inicios del siglo VIII, concretamente en 708, a San Aubert, obispo de Avranches, se le apareció en sueños San Miguel, que le ordenó edificar un santuario dedicado a su nombre en el monte Tombe. Confuso y sin estar completamente convencido por esta aparición onírica, Aubert no obedeció de inmediato las órdenes del arcángel. San Miguel se apareció de nuevo en sueños al obispo, reiterando su petición sin mucho éxito. La leyenda cuenta que el arcángel se apareció una tercera vez y, para convencerle de que se pusiera manos a la obra, le apretó fuertemente con su dedo en la sien. El cráneo de Aubert, que se conserva en el monte, aún tiene esta huella. Convencido por este prodigio, Aubert aceptó al fin construir el santuario.

Pero ¿dónde quería el arcángel que se construyera el templo? La respuesta no se hizo esperar: el lugar escogido se revelaría mediante la presencia de un toro robado y escondido en la región. Poco después, se descubrió que el animal en cuestión se hallaba en el monte Tombe tras un enorme bloque de piedra que parecía imposible de desplazar.

¿Aubert debía, pues, renunciar a construir el santuario? No se vio en la obligación, ya que en ese mismo momento un viticultor soñó que debía acudir con su hijo recién nacido al lugar donde se había descubierto el toro, lo que obedeció de inmediato. Y, entonces, se obró el milagro: con una simple patadita, el niño hizo que se tambaleara la masa rocosa, la cual se hizo añicos en la base del monte.

San Miguel se manifestó entonces y pidió a Aubert que cavara en la piedra para hacer brotar de ella una fuente milagrosa.

Ante este doble prodigio, Aubert hizo construir la capilla y una cripta que quiso santificar con las reliquias de San Miguel. Dos clérigos fueron enviados al santuario de Sant'Angelo para conseguir los objetos sagrados. Pero, a la vuelta de su viaje, cuál fue su sorpresa al descubrir que el bosque de Scissy había desaparecido y que el monte Tombe estaba aislado de la orilla debido a los efectos de un gigantesco cataclismo.

Del monte Tombe al Mont-Saint-Michel

Aubert murió en 725 y sus restos se trasladaron al monte —rebautizado como Saint-Michel—, donde fueron inhumados. Al mismo tiempo, una decena de religiosos se instalaron en la isla, de la cual se decía que estaba «ante el peligro del mar», y se organizaron las primeras peregrinaciones. A partir de ese momento, el monte se convirtió en un lugar de plegaria, visitado por peregrinos muy de vez en cuando.

Pero todo iba a cambiar dos siglos más tarde con la intercesión de los poderosos en favor del monte. En efecto, desde la segunda mitad del siglo X, los benedictinos dejaron la abadía de Saint-Wandrille y se instalaron en el monte por orden de Ricardo I. Una vez allí, empezaron a construir una iglesia de dos naves, conocida hoy en día como *Notre Dame sous Terre*, mientras que la abadía se erigió durante el siglo siguiente.

Finalmente, apareció el extraordinario arquitecto gracias al cual se bautizó al monte como *La Maravilla*. Y esta construcción es ciertamente extraordinaria, de una finura y belleza increíbles, en equilibrio perfecto sobre la roca, que ha sabido sobrevivir a los siglos a pesar de algunos derrumbamientos parciales, guerras e incendios.

Centro de peregrinación durante todo el año, pero especialmente el 29 de septiembre, fiesta de San Miguel, el monte reivindica la grandeza del arcángel Miguel, cuya estatua culmina la parte alta del edificio, como una imagen de combate y protección del mundo cristiano.

Las dos apariciones de Rafael

Tras los pasos de Rafael y Tobías

En el *Libro de Tobías*, en la Biblia, aparece por primera vez un ángel claramente personalizado y con nombre propio. Recordemos las circunstancias: hombre de fe y ferviente practicante, Tobit —el padre de Tobías— siempre ha destacado por el respeto escrupuloso hacia los ritos relacionados con su creencia, incluso en las duras condiciones de su exilio en Nínive. Allí, fiel a su compromiso, no duda en arriesgar su vida para asegurar una sepultura digna a sus compatriotas fallecidos a manos del rey Sennachérib, cuyas órdenes han sido claras: no se debe enterrar a ningún judío. Pero un día, mientras Tobit está descansando, unos pájaros defecan en sus ojos y este pierde la vista. Loco de desesperación, el pobre hombre implora la muerte sin ningún éxito.

Sin recursos y abandonado por parte de Dios, Tobit pide a su hijo Tobías que vaya a reclamar el importe de un préstamo que hizo a un hombre de Media, pues este dinero le servirá para pagar su entierro. Tras recibir mil recomendaciones de prudencia y piedad, Tobías emprende el camino, pero un misterioso guía le propone acompañarle en su larga ruta. Este improvisado compañero, Azarías, que tiene la apariencia de un hombre joven, no es otro que Rafael, que se cuida bien de esconder su verdadera identidad.

Durante el viaje, Azarías-Rafael pesca un gran pez con Tobías, al que le pide que reserve el hígado, el corazón y la hiel.

Al llegar a su destino, Tobías conoce a Sara, hija del deudor de su padre, que ha sufrido un sino dramático: cada uno de sus siete sucesivos esposos han sucumbido al entrar en la habitación nupcial. Entonces Rafael revela a los dos jóvenes cuáles son los auténticos orígenes de ambos y les permite casarse según los preceptos de la ley judía. Para ahuyentar el maleficio, obra del demonio, Rafael apremia a Tobías para que queme las entrañas del pescado capturado durante el viaje, ya que el nauseabundo olor de las vísceras alejará a los malos espíritus.

Tras unos días de celebración, Tobías, enriquecido gracias a los bienes que el padre de su nueva mujer ha sabido acrecentar, vuelve con su padre. Después, con la hiel del pescado, cura también la ceguera de su padre.

Y sólo cuando Tobit y Tobías ofrecen la mitad de su fortuna al misterioso Azarías, como agradecimiento por su ayuda, este les descubre que es Rafael, enviado del Señor que, sensible a su devoción y a sus plegarias, ha intercedido por él y por la pía Sara ante Dios. Así pues, Dios lo ha enviado para cumplir con su misión como acompañante.

Aparición de San Rafael en Cordoue

Menos conocida es la siguiente aparición. Durante la Edad Media, la ciudad de Cordoue fue escenario de una epidemia de peste. Los muertos se amontonaban y la plaga no parecía remitir. Desbordado por los acontecimientos, Simón de Sousa, párroco de Notre Dame de la Merci, gran devoto del arcángel Rafael, se dedicó en cuerpo y alma a asistir y confesar a los enfermos. Pero esto no era suficiente para detener la plaga.

Simón rezó a la reina de los ángeles y le suplicó que intercediera por él ante San Rafael para que socorriera a las desgraciadas familias de la ciudad. Su petición fue escuchada y el arcángel se le apareció en persona, con estas palabras: «Yo soy Rafael, acudo en tu ayuda, por tus oraciones, tus limosnas y sobre todo por tu humildad y caridad, de un gran valor ante los ojos de Dios, que calmará su ira y detendrá esta plaga para hacer sentir a esta ciudad la dulzura de su clemencia. Ve a buscar al obispo y dile que coloque mi imagen en el campanario de la catedral, y que exhorte al pueblo a recurrir a mí. Inmediatamente los enfermos sanarán con la única condición de que pidan a la reina de los ángeles "la medicina de Dios". Difunde también que todos aquellos que porten mi imagen y recurran a mi intercesión estarán libre de todo mal y en particular del impuro Asmodeo, que pierde a los hombres y les retira la gracia de Dios».

El religioso se apresuró en encontrar al obispo para transmitirle el mensaje de Rafael. Obedientes escrupulosos de las órdenes del arcángel, los habitantes de Cordoue fueron liberados de la peste y decidieron celebrar cada año la aparición con una fiesta especial.

Desde esa fecha la ciudad de Cordoue se consagró a la figura del arcángel.

Las intenciones de las plegarias dirigidas a los arcángeles

Como cada arcángel obra en una dirección bien específica, la tradición les ha otorgado el puesto de patrones de ciertos cuerpos y profesiones. Es así como Gabriel, mensajero entre mensajeros, se ha promovido como patrón de las comunicaciones: televisión, radio, correo, telecomunicaciones y servicios diplomáticos. Por extensión también lo han adoptado los filatélicos.

Miguel, combatiente entre combatientes, se ha visto asignado al cuerpo de los militares y de los sacerdotes que se encargan de los exorcismos. En consecuencia, los enfermos (de cuerpo y de alma) se disponen bajo su protección, al igual que ciertas especialidades médicas (los radiólogos, por ejemplo). Finalmente también fue declarado patrón de los banqueros, debido a una carta apostólica de Pío XII, que pensaba que el dinero se podía considerar un arma para combatir la miseria y la injusticia.

Por acompañar a Tobías durante su viaje y restituir la vista de su padre, a Rafael le adjudicaron naturalmente ser el patrón de los viajeros, de los enfermos de la vista y de los ciegos, así como de los farmacéuticos. Además, por extensión, se convirtió en el protector de los jóvenes que tienen que dejar a su familia para mudarse a otro lugar.

Oraciones a Gabriel

Plegaria a San Gabriel
(Traducida del alemán)

> San Gabriel arcángel,
> ángel de la Encarnación,
> abre nuestros corazones
> a los dulces consejos
> y a la llamada del Señor.
> Acompáñanos siempre,
> te lo suplicamos,
> para que bien comprendamos
> la Palabra de Dios;
> para que le sigamos
> y para que cumplamos
> lo que Él quiere de nos.
> Ayúdanos a estar despiertos
> para que, cuando venga,
> el Señor no nos encuentre dormidos.
> Amén.

En *Saint Gabriel, La Force de Dieu* (*San Gabriel, La fuerza de Dios*), plegarias, Ediciones Benedictinas, 1996.

Plegaria del padre Lamy a San Gabriel, ángel de la Iglesia

Santo arcángel Gabriel, mensajero de la misericordia de Dios en favor de los pobres humanos, tú que saludaste a la Santa Virgen con estas palabras: «Dios te salve, María, llena eres de gracia», y que recibiste una respuesta de tanta humildad, protector de las almas, ayúdanos a imitar su humildad y su obediencia.

Ediciones Benedictinas, 1999.

Himno vespertino
(Liturgia franciscana)

De un corazón feliz vienen estos cánticos,
tocando con el arco las cuerdas armoniosas,
cuando del cielo el ilustre Gabriel
brilla en lo alto.

Hoy es para nosotros,
el paraninfo de la augusta Virgen,
acompañado de todo el coro de ángeles
que celebran las alabanzas de Cristo.

Que nuestro corazón le cante
la alabanza del príncipe Gabriel;
uno de los siete que rodean al Señor
listos para obrar según ordene.

Mensajero del Cielo, embajador de lo Alto,
Gabriel deja las alturas,
y lleno de felicidad,
desvela al mundo los secretos
del Todopoderoso.

Anúncianos, oh, Gabriel, te lo pedimos,
el don eterno de la paz,
por la que un día, llenos de alegría,
entraremos en el reino celestial.

Que nos conceda la Deidad bienaventurada del Padre,
y del Hijo y del Espíritu Santo,
que, en el mundo entero,
está llena de gloria.
Amén.

Ediciones Benedictinas, 1999.

Oraciones a Miguel

Himno de la liturgia
(Fiesta de San Miguel)

Victoria de luz,
terror de las tinieblas,
Miguel,
cuando te llamamos
tu grito se oye en el cielo:
«¿Quién es como Dios?».

Cuando desfallecemos,
cuando el peligro acecha,
de lo profundo nos elevas,
¡del Señor, la fuerza!

¡Fuego vertical, tu espada amenaza!
De la rama su parte más seca
como a la raíz del corazón
¡la presencia del Señor!

Ángel de Justicia, recuerda
que la muerte no es mortal
si el hombre espera al final
¡del Señor, la sentencia!

Plegaria a San Miguel
(Plegaria extraída del exorcismo de León XIII)

San Miguel arcángel
defiéndenos en el combate;
sé nuestro auxilio contra la perfidia
y las trampas del demonio.
Que Dios reine en su imperio,
te lo suplicamos;
y tú, príncipe de la milicia celestial,

retén en el infierno, por la virtud divina,
a Satán y a los otros espíritus malignos
que vagan por el mundo
para la perdición de las almas.
Amén.

Plegaria de San Luis Gonzaga
(Meditación sobre los santos ángeles y en particular los ángeles guardianes)

Oh, príncipe invencible, fiel guardián de la Iglesia de Dios y de las almas justas, tú que, impulsado por una gran caridad y un gran celo, has librado tantas batallas y conseguido tantas empresas, no en busca de renombre o reputación como hacen los capitanes de este mundo, sino por defender la gloria y el honor que debemos a nuestro Dios. Y para satisfacer el deseo de salud de los hombres, acude, te lo suplico, al socorro de mi alma, atacada continuamente y puesta en peligro por sus enemigos: la carne, el mundo y el demonio. Tú has conducido al pueblo de Israel por el desierto, sé mi guía y mi compañero en el desierto de este mundo, hasta que me hayas alejado de todo peligro en la tierra de los vivos, en aquella feliz patria de la que todos somos exiliados.

Oraciones a Rafael

Himno vespertino
(Fiesta de San Rafael)

Divino guardián, Rafael,
recibe este himno con bondad
que nuestras voces cantan con felicidad,
con nuestras súplicas nos dirigimos a él.

Dirige nuestro curso hacia la salud,
ayúdanos;
que nunca erremos en nuestros pasos
en el camino hacia el cielo.

Vigílanos desde lo alto,
desde la luz del cielo,
que el Padre de la luz
colme nuestras almas.

Da salud al enfermo,
disipa la noche del ciego;
de vigor llena nuestros cuerpos
para que el mal expulsemos.

Ayudante del Juez Supremo,
intercede por nuestros pecados,
apacigua la cólera de la venganza,
fiel intercesor de la esperanza.

Tú que has luchado en el gran combate
confunde el orgullo del enemigo;
contra los espíritus rebeldes,
danos fuerzas,
aumenta en nos la gracia.

Gloria a Dios el Padre
como a su Hijo único,
y el Espíritu paráclito,
por los siglos de los siglos.
Amén.

Plegaria a San Rafael
(Para preservar la vista física y espiritual)

Acude en mi socorro, os suplico,
glorioso príncipe, San Rafael,
la mejor medicina de las almas y los cuerpos.
Oh, vos, que habéis sanado los ojos de Tobías,
da a mis ojos la luz física
y a mi alma la luz espiritual;
aleja de mí todas las tinieblas
con vuestras súplicas celestiales.
Amén.

Plegaria de la archicofradía de San Rafael

Glorioso arcángel, San Rafael,
gran príncipe de la corte celestial,
ilustra con los dones de la sabiduría y la gracia,
guía a los viajeros por tierra y por mar,
consuelo de los desdichados y refugio de los pecadores,
os suplico me ayudéis en todas mis necesidades y las penas de esta vida,
como ayudasteis al joven Tobías en su peregrinaje.
Porque eres el remedio de Dios,
os suplico humildemente que curéis mi alma de sus numerosas enfermedades,
y mi cuerpo de los males que lo afligen, si esta gracia me conviene.
Os suplico en particular una pureza angelical
para merecer así estar en el templo viviente del Espíritu Santo.
Amén.

Cuando las grandes almas encuentran a los ángeles

Mahatma es una palabra que significa «gran alma». En nuestro siglo se ha convertido en una palabra popular en todo el mundo porque se ha unido intrínsecamente a aquel extraordinario hombre que fue Karamciandra Gandhi. Constituye un título muy apreciado, un reconocimiento público que, de manera completamente informal y espontánea, atribuye el pueblo a quienes reconoce de forma instintiva como personas excepcionales espiritual e intelectualmente, abiertas de modo incondicional a la humanidad y que forman parte de la realidad universal. Se trata de individuos fuera de lo común, que se mueven en los niveles más altos de conocimiento y participación. Pueden ser místicos totalmente dedicados a la meditación, la contemplación y la plegaria; también pueden ser personas operativas, es decir, que viven intensamente su época y se prodigan en favor de los demás a través de actividades solidarias y caritativas, esforzándose por actuar en los acontecimientos históricos en los que se encuentran implicados. Incluso ambas facetas pueden unirse en una sola persona.

Las grandes almas no son exclusivas de un pueblo, una cultura o una religión. Su grandeza es demasiado elevada para limitar su espacio: pertenecen a toda la humanidad y, en cierto sentido, constituyen el fruto más elevado y maduro; son una vanguardia, un modelo y una primicia de aquello en lo que quizá todos podremos convertirnos algún día.

Si usamos el moderno lenguaje de la psicología diríamos que estos seres viven constantemente en una dimensión transpersonal. En este capítulo analizaremos las vivencias de algunas de estas grandes almas, tanto de épocas pasadas como contemporáneas; el punto en común es que todas ellas han vivido un encuentro con los ángeles y han hablado sobre él explicándolo de viva voz o a través de la escritura.

¿Son experiencias reales o se trata de fantasías o alucinaciones? ¿O, todavía peor, son manipulaciones conscientes?

Las preguntas anteriores pueden aplicarse también a las llamadas experiencias de premuerte. Seguramente no es posible demostrarlas y reproducirlas en un laboratorio, tal y como le gustaría hacer a la ciencia tradicional para poder expedir un certificado de autenticidad, según un criterio lógico que tiene un innegable y apreciable rigor. Sin embargo, con la misma seguridad es necesario precisar que la realidad de la que estamos rodeados, y de la cual formamos parte, es infinitamente más vasta, rica y densa de significado de lo que nuestra mente pueda llegar a comprender.

De vez en cuando, se abren ante nosotros misteriosos e insospechados canales a través de los cuales irrumpe un conocimiento que aunque puede ser parcial y episódico, de todos modos, nos comunica «algo» del insondable misterio que compone el universo.

Es cierto que no es fácil establecer a priori cuál debería ser nuestro comportamiento racional al respecto. Un criterio sería comprobar —lo que no siempre es fácil— que no existan situaciones patológicas e intencionadamente engañosas.

De forma indirecta podemos acercarnos a este objetivo verificando en primer lugar la veracidad de la persona portadora de tales experiencias; por ejemplo, el hecho de ser desinteresada, coherente y equilibrada puede ser un indicio válido.

De la misma manera, resulta positivo y aceptable que determinados acontecimientos «milagrosos» hayan tenido un número mayor o menor de espectadores o testimonios. En el caso de ciertos místicos podemos encontrar un testigo indirecto de su seriedad —y por lo tanto de su validez— gracias a un reconocimiento «superior», por decirlo de alguna forma, a través de la atribución de determinadas «señales», como marcas en el cuerpo o poderes especiales (de curación, de conocimiento, de visiones y de ubicuidad), hasta alcanzar la incorruptibilidad —que puede verificarse— de los cuerpos en el tiempo.

Es necesario añadir que, contrariamente a lo que pueda creerse, la actitud de las instituciones religiosas oficiales —sobre todo la de la Iglesia católica— es extremadamente desconfiada y cauta frente a los acontecimientos «milagrosos», puesto que un error de valoración de un suceso específico podría comprometer la veracidad de otros muchos casos hasta conseguir poner en duda la credibilidad de la propia institución.

Respecto a los místicos —en particular los católicos— se dice que a menudo se verifican manifestaciones que muchos de nosotros no estamos dispuestos a aceptar; entre ellas podemos recordar la exaltación del dolor, la búsqueda del sufrimiento y de la mortificación, el rechazo a los «placeres» de la vida, que han sido previstas y predispuestas por la sabiduría divina y que deberían pertenecer a un orden natural de las cosas. Estos aspectos, aunque discutibles, todavía no son suficientes para poder rechazar globalmente determinadas manifestaciones concomitantes.

Todavía una última observación: la fruición y la tramitación de ciertas facultades y poderes no puede limitarse a una religión particular (como si se tratase de un signo de superioridad de esta respecto a las otras), sino que, al contrario, se trata de situaciones que están presentes en todas las creencias espirituales y, en algunos casos, incluso en individuos inequívocamente laicos. Pasemos ahora revista a algunos de los encuentros con los ángeles más significativos de la historia, precisando que son «verdaderos» porque los protagonistas los han vivido como si lo fueran. Después, cada uno de nosotros a la luz de los parámetros culturales de los que dispone y de la propia conciencia —teniendo en cuenta las consideraciones que se han hecho hasta este momento— extraerá sus propias conclusiones y valoraciones.

Omitiendo la época más remota, por otra parte rica en apariciones angelicales (en la Biblia, ya sea en el Antiguo, ya en el Nuevo Testamento, se prodiga esta temática), limitaremos el estudio a los dos milenios de la era cristiana.

Santa Cecilia

Una de las tradiciones más antiguas que ha llegado hasta nosotros tiene como protagonista a Santa Cecilia, una joven romana que vivió entre los siglos II y III, en una época de grandes persecuciones.

Cecilia era una cristiana muy ferviente que un día reveló a su marido Valerio que estaba en contacto con un ángel que la protegía y la defendía de cualquier peligro. Su marido le dijo que si él pudiera verlo, también se convertiría al cristianismo. Cecilia le dijo que sólo vería al ángel si se bautizaba. El marido accedió y siguiendo las indicaciones de su mujer se dirigió al lugar donde se escondía el obispo cristiano para huir de las persecuciones. Después de ser bautizado volvió a casa y vio a su mujer rezando de rodillas y, a su lado, a un ángel, del que emanaba una gran luz.

Impresionado, Valerio fue a buscar a su hermano Tiberio y, después de explicarle lo que le había sucedido, lo convenció para que se bautizara; más tarde también este tuvo la visión del ángel.

Los dos hermanos, llenos de entusiasmo y pertenecientes a una familia muy rica, hicieron pública su fe, pero fueron arrestados y condenados a muerte por el juez Almaquio, quien esperaba poder apoderarse de los bienes de la familia. Almaquio solicitó a Cecilia que le entregase la fortuna familiar, pero ella le respondió que todas las riquezas habían sido ya distribuidas entre los pobres. Encolerizado por esta revelación, el juez ordenó que Cecilia fuera quemada en la hoguera. La mujer entró caminando en el fuego, pero no estaba sola: a su lado vieron cómo iba un ángel. Cecilia permaneció un día y una noche entera entre las llamas, sin sufrir ningún daño.

Esta leyenda guarda una gran similitud con un episodio de la Biblia narrado anteriormente y protagonizado por tres hombres a los que el rey Nabucodonosor de Babilonia condenó a la hoguera, de la cual salieron ilesos en compañía de un ángel.

Santa Mónica

Mónica, nacida en el norte de África en el año 332, era también una ferviente cristiana. Gracias a sus plegarias y al ejemplo de su propia vida consiguió convertir a su marido y a su suegra.

No obstante, se sentía angustiada por el comportamiento de su hijo Agustín, un joven dotado de grandes cualidades y de una brillante inteligencia que desperdiciaba llevando una existencia vacía y disoluta.

Al final, las plegarias de Mónica tuvieron su efecto, ya que se le apareció un ángel que le dijo: «¡Tu hijo está contigo!». Se trataba de una profecía, puesto que, después de unos años, Agustín se convirtió al cristianismo y acabó siendo uno de los más prestigiosos Padres de la Iglesia que, más tarde, lo consagró santo.

San Francisco de Asís

Francisco de Asís nació hacia 1182. Provenía de una familia muy acomodada, y su primera juventud transcurrió con gran alegría y despreocupación. Se dedicó a la carrera militar y cuando sólo tenía unos veinte años, durante un viaje hacia el sur de Italia, cayó muy enfermo y se vio obligado a detenerse en Spoleto.

En esta delicada situación —no se sabe si también tuvo una visión— oyó una voz celestial que lo exhortaba a abandonar la actividad de las armas y a volver a su hogar para «servir al Señor en lugar de a los hombres». Francisco obedeció estas palabras y empezó su gran obra, que le llevó a convertirse en uno de los santos más reconocidos del mundo.

Uno de sus contemporáneos, San Buenaventura de Bagnoregio (1217-1257), narraba de esta forma las circunstancias en las que San Francisco recibió los estigmas:

>«Una mañana, por la fiesta de la exaltación de la Cruz, mientras rezaba en un lugar apartado del monte, vio cómo bajaba del cielo un serafín con seis alas luminosas y resplandecientes. Cuando, mediante un rápido vuelo, el ángel se acercó mucho al lugar en el que se encontraba el hombre de Dios, entre sus alas apareció la imagen de un hombre crucificado... De las seis alas, dos se alzaban por encima de su cabeza, dos se abrían para volar y dos recubrían todo su cuerpo.
>
>»El santo, al ver esto, se quedó estupefacto mientras su corazón se vio invadido por un sentimiento mixto de tristeza y de alegría. Se alegraba, de hecho, de la graciosa mirada con la que se veía observado por Cristo, que se le había aparecido bajo la imagen de un serafín; pero, al verlo crucificado, su alma se sintió traspasada por la espada de una dolorosa compasión.
>
>»Estaba totalmente maravillado por esta visión, que al mismo tiempo le parecía incomprensible, porque sabía muy bien que el dolor de la pasión no se concilia de ninguna manera con la beatitud de un serafín. Pero al final, el Señor le hizo comprender que tal visión se la había ofrecido a sus ojos la Providencia divina para advertirle de que sería totalmente transformado para parecerse a Cristo crucificado, y no con el martirio de la carne, sino con el incendio amoroso de su espíritu.

»Cuando desapareció la visión, un maravilloso fervor quedó en el corazón de Francisco, pero también en su carne le habían quedado impresas las señales de la pasión de Cristo. De hecho, enseguida empezaron a aparecerle en las manos y en los pies las señales de los clavos, iguales a la imagen que había contemplado de un hombre crucificado».

San Buenaventura explica también otro episodio significativo:

«A causa de su enfermedad se encontraba muy débil y tuvo el deseo de escuchar el sonido de algún instrumento que le tranquilizara el espíritu. Para satisfacer sus deseos vino una comitiva de ángeles».

Esto proporcionó a Francisco «una alegría tal que se imaginó que se encontraba ya en el otro mundo» y la música la oyeron incluso los frailes que estaban cerca de él. San Buenaventura añade todavía a propósito de Francisco:

«Se encontraba unido, a través de un inseparable vínculo de amor, a los ángeles, a estos espíritus que arden con un fuego maravilloso y que, con ello, penetran en Dios e inflaman las almas de los elegidos».

Santa Caterina de Siena

Santa Caterina de Siena (1347-1380), una de las mayores místicas cristianas, recibió muchos dones celestiales: estigmas, levitaciones, visiones y, por último, la incorruptibilidad del cuerpo.

Aunque era casi analfabeta, esta terciaria dominicana ejerció una enorme influencia sobre sus contemporáneos, papas incluidos, tanto en la vida política como en la religiosa.

En sus *Diálogos* cita un episodio angélico. Un día los monjes de un convento no tenían nada para comer; a pesar de esto, el prior «dijo, lleno de fe y seguro de que yo los habría socorrido: "Hijos míos, sentaos". Los monjes le obedecieron y se sentaron a la me-

> ## LOS ÁNGELES EN LA MÚSICA
>
> **Algunas canciones**
>
> *Tous les anges* («Todos los ángeles») de Zazie; *Le Congrès des chérubins* («El congreso de los querubines»), de Juliette; *C'est peut-être les anges* («Quizá sean los ángeles»), de Gerard Lenormand; *If God will send his angels* («Si Dios enviase a sus ángeles»), de U2.
>
> **Una canción infantil**
>
> «Los ángeles venidos del Cielo no necesitan escalera para visitar la Tierra, cada uno tiene su misterio. Miguel es caballero, Gabriel mensajero, Rafael es pastor. Blanco o rojo, azul o miel, con o sin alas, vienen para protegernos».
>
> **Una ópera...**
>
> *El ángel de fuego*, de Sergei Prokófiev.

sa. Entonces yo, que ayudo a todos aquellos que ponen en mis manos sus esperanzas, invité a dos ángeles para que trajeran panes muy blancos y en cantidad suficiente para varias comidas. Este es un ejemplo en el que mi Providencia actúa sin el trámite del hombre y sólo a través de la clemencia del Espíritu Santo».

Juana de Arco

Un caso muy relevante es el de Juana de Arco, la *doncella de Orleans*, una chica pobre y analfabeta, hija de campesinos, que vivió sólo diecinueve años, de 1412 a 1431. Se convirtió en la heroína de Francia y fue proclamada santa a consecuencia de unas circunstancias que no pueden calificarse tan sólo como excepcionales.

El momento álgido de su vida duró únicamente dos años y este hecho refuerza la tesis que defiende que estaba inspirada directamente por entidades celestiales.

Juana era muy religiosa y empezó a percibir manifestaciones alrededor de los trece años, cuando vio una gran luz al mismo tiempo que oía una voz que la instruía sobre lo que tendría que hacer. Posteriormente consiguió identificar la voz con la del arcángel Miguel, que se le apareció acompañado por otros ángeles. Este fue su testimonio:

«Cuando tenía más o menos trece años, empecé a oír la voz de Dios que me guiaba y la primera vez experimenté un gran miedo.

»Oí aquella voz durante el verano en el jardín de mi padre hacia el mediodía... La voz llegaba del lado derecho, donde se encontraba la iglesia, y raras veces la oía sin ver también una fuerte claridad en la misma dirección. Oí la voz tres veces y entonces comprendí que se trataba de la voz de un ángel [...] La primera vez pensé que era de la voz del arcángel Miguel y tuve mucho miedo; sucesivamente lo vi muchas veces, antes de saber que precisamente era él.

»Vi al arcángel y a los ángeles con mis ojos, de la misma forma que os veo a vosotros. Y cuando se alejaron de mí, lloré porque hubiera querido que me llevaran con ellos [...] Le dije a la voz que no era más que una pobre chica y que no sabía ni cabalgar ni luchar en la guerra».

Por aquel entonces Francia estaba parcialmente ocupada por los ingleses, que tenían la intención de conquistar todo el país. El ejército galo, desorganizado y desmoralizado, no conseguía contener y hacer retroceder a los invasores.

El ángel confió a Juana la misión de rescatar a su patria y la guió en las maniobras que debía ejecutar. Siempre acosada por las voces, la joven intentó más de una vez encontrarse con Carlos, el heredero del trono francés; pero, como es comprensible, fue ignorada repetidamente.

Como consecuencia de su continua insistencia, al final fue admitida en la corte; allí se la intentó someter a un engaño, urdido para probar la veracidad de sus palabras. En la sala de las audiencias, llena de personas, Carlos se disfrazó como un cortesano, mientras que uno de estos se vistió de rey en su lugar. La estratagema no consiguió confundir a la joven, que se dirigió directamente al heredero del trono diciéndole que la enviaba Dios para comunicarle que se convertiría en el verdadero rey de Francia.

Quizá gracias a este primer y extraordinario suceso, Juana consiguió animar a los comandantes y a los soldados franceses, a la cabeza de los cuales se situó ella misma hasta conducirlos a la victoriosa liberación de Reims, donde Carlos fue coronado rey.

Durante la ceremonia, Juana vio a un ángel que llevaba una corona, el cual también fue visto por trescientas personas más, según se puede leer en las crónicas de la época.

Los repetidos éxitos conseguidos durante la lucha contra los ingleses, a la cabeza de un ejército de pordioseros, y los claros signos de su elección permitieron que Juana conquistara la confianza y la devoción del pueblo.

Pero en el ambiente de la corte no faltaron continuas tramas contra ella, puesto que eran muchos los que se mostraban celosos de la joven.

En 1430 la heroína cayó en manos de los ingleses, entregada por el duque de Borgoña, su aliado. Se instruyó un proceso en su contra por brujería, basado en el hecho que afirmaba oír voces. El proceso, completamente manipulado, concluyó con su condena a muerte: fue quemada viva en la plaza del mercado de Ruán. Solamente dieciocho años después fue rehabilitada y, posteriormente, se la proclamó santa.

Santa Teresa de Ávila

Santa Teresa de Ávila nació en esta ciudad en 1515 y murió también allí en 1582. Hermana de la orden de las carmelitas, tuvo continuamente visiones y encuentros con los ángeles y fue la primera mujer a la que se nombró doctora de la Iglesia.

En el libro *Lives of Saints* de Butler[4] se cuenta que un día, mientras estaba absorta en la plegaria, la monja oyó una voz que le decía: «No te haré hablar con los hombres, sino con los ángeles». A partir de aquel momento consiguió oír voces «[...] incluso más claras e inteligibles que las que los hombres oyen normalmente con sus oídos».

Teresa agrupó sus experiencias en diferentes textos escritos, entre los cuales se encuentra el famoso *Camino de perfección*. Este es uno de sus testimonios:

«Veía cerca de mí, en el lado izquierdo, a un ángel de apariencia corpórea. Era pequeño y muy bonito; con su rostro apasionado, parecía que se encontraba entre los más grandes de aquellos que parecen incendiados por el amor, a quienes yo llamo querubines puesto que nunca me han revelado su nombre.

»Pero percibo claramente en el cielo una diferencia tan enorme y significativa entre ciertos ángeles que no sería capaz de explicarla.

»Veía pues que el ángel llevaba en la mano un dardo de oro muy largo y cuya extremidad de hierro parecía cubierta de fuego. Parecía como si lo estuviera clavando directamente en mi corazón hasta llegar a mis vísceras. Cuando lo extrajo se hubiera podido decir que el hierro se las había llevado consigo y me dejó completamente inmersa en un infinito amor por Dios...

»La suavidad que me procuró ese incomparable tormento fue tan inmensa que mi alma sólo podía desear el fin, y no contentarse con nada que no fuera Dios. No fue un sufrimiento corporal, sino espiritual... Es un intercambio de amor tan dulce entre Dios y el alma que suplico al Señor que se digne, en su inmensa bondad, ampliarlo igualmente a aquellos que prestarán fe a mis palabras».

---

4. Alban Butler, *Lives of Saints*, Burns & Oates, Turnbridge Wells, 1995.

Caterina de Pazzi

Caterina de Pazzi nació en 1566; era hija de una de las más nobles y poderosas familias florentinas, antagonistas de los Médicis. Aunque su condición social le permitía llevar una vida cómoda, comprendió que su vocación era el convento. Así pues, entró en uno a los dieciséis años con el nombre de María Magdalena. Durante toda su vida experimentó vivencias extraordinarias, como éxtasis, visiones, levitaciones y estigmas; después de la muerte, que le llegó en 1607, su cuerpo permaneció incorrupto y todavía se encuentra expuesto en la iglesia de las carmelitas de Florencia.

María Magdalena, en sus *Profundas meditaciones sobre la perfección divina*, nos ofrece algunos significativos textos sobre los ángeles y sus relaciones con los hombres.

«Su amor se encuentra muy lejos de alcanzar e igualar el de Dios. Los ángeles aman a las criaturas con un amor inmenso, verdadero y regenerador. Es un sentimiento intenso, que surge del corazón del Verbo;[5] este amor de los ángeles representa, por así decirlo, la sobreabundancia del amor divino, que los ángeles recogen en sí mismos y transmiten luego a la parte más noble de la criatura, es decir, a su corazón. ¡Oh, si esta conociera el inmenso amor de los ángeles...! Su amor convierte al alma en sabia y prudente; sabia en sus obras, que cumple con una intencionada rectitud para la más grande gloria de Dios, y prudente en mantener la virtud que da vida a todos los amores [...]».

Ana Caterina Emmerich

Ana Caterina Emmerich vivió en Alemania desde 1774 a 1824. Fue monja agustiniana y tuvo, desde los nueve años, visiones angeli-

---

5. Verbo, palabra o *logos* (en griego) son términos que según la teología cristiana se refieren a Jesucristo, porque preexiste junto al Padre, participa de su misma naturaleza divina y es principio y fin de la Creación.

cales que se repitieron después durante toda su vida; además, leía el pensamiento y levitaba del suelo; en un momento de su vida le aparecieron los estigmas. A menudo salía de su cuerpo y, entonces, su ángel de la guarda la transportaba a millones de kilómetros de distancia, a los lugares más dispares y desde los cuales le permitía ver lo que estaba sucediendo. A causa de los escasos medios de comunicación que existían en aquella época, las noticias llegaban con un retraso de algunos días y a veces incluso de semanas y meses. Una vez le explicó a su párroco que había vislumbrado al papa imponiendo una corona en la cabeza a un personaje muy pequeño. Algunos días después llegó la noticia de que Napoleón Bonaparte había sido coronado emperador.

Estos extraños poderes hicieron sospechar tanto a las autoridades civiles como a las eclesiásticas, las cuales, creyendo que se trataba de un fraude, sometieron a Caterina a repetidos controles y verificaciones en unas condiciones en las que habría sido imposible el más mínimo truco.

El abad Schmöger[6] ha recogido en un libro los testimonios que Caterina escribió sobre su ángel:

> «A veces me pasaba días enteros con él. Me enseñaba personas que conocía y otras a las que no había visto nunca.
> »Con él atravesaba los mares a la velocidad del pensamiento. Podía ver hasta muy lejos, muy lejos... Cuando llega para llevarme con él, normalmente veo, al principio, una leve claridad y luego, de improviso, aparece delante de mí, como la luz de una linterna que ilumina las tinieblas...
> »Mi guía está siempre frente a mí, a veces a mi lado, y no he visto nunca que se movieran sus pies. Es silencioso, realiza pocos movimientos con las partes de su cuerpo, pero a veces acompaña sus respuestas con un ademán de la mano o inclinando la cabeza.

---

6. Karl Schmöger, *Life of Anne-Catherine Emmerich*, Tan Books, Rockford (Illinois), 1976.

»¡Oh, qué brillante y transparente es! Además, tiene los cabellos sedosos, fluctuantes y brillantes. Lleva la cabeza descubierta y su hábito es largo y de un candor deslumbrante...
»Le hablo con libertad pero todavía no he conseguido mirarle a la cara. Me inclino ante él y él me guía con diversos ademanes. No le hago nunca muchas preguntas porque la satisfacción que siento con sólo saber que se encuentra a mi lado me retiene. Es siempre muy breve en sus respuestas...
»Una vez me perdí en los campos de Flamske. Estaba aterrorizada y empecé a llorar y a rezar a Dios. De pronto vi una luz delante de mí, parecida a una llama, que se transformó en mi guía ataviado con su hábito. La tierra se secó bajo mis pies, y la lluvia y la nieve dejaron de caer sobre mí. Volví a casa sin ni siquiera mojarme».

María Lataste

María Lataste, una joven campesina convertida en monja, vivió en Francia entre 1822 y 1847. Recogió todas sus meditaciones y el resumen de sus experiencias transpersonales en innumerables cuadernos, ordenados más tarde por Pascal Darbins.[7] La principal característica de sus testimonios es que en ellos cuenta que recibió del propio Cristo una descripción extremadamente detallada de las funciones del ángel de la guarda:

«La unión más íntima del hombre es con los ángeles y debe durar siempre, hasta la eternidad.
»El vínculo con la criatura material se produce a un nivel muy bajo, porque es transitoria y dura sólo hasta el umbral de la eternidad. La unión del alma con el ángel es la más fuerte, porque no es pasiva sino que se trata de una unión operante y llena de actividad.
»Entre el hombre y los ángeles hay comunicación y entendimiento, y estos se convierten en lazos tan fuertes que el hombre acaba pareciéndose al ángel y elevándose con él.
»Los ángeles tienen la capacidad de crear dos cosas en los hombres: la primera es la iluminación de la inteligencia y la segunda es el movimiento de la voluntad...
»Los ángeles iluminan a los hombres de tres formas: anunciándoles los misterios divinos, instruyéndolos y exhortándolos. Los iluminan manifestándoseles de forma visible o invisible...

---

7. Pascal Darbins, *Vie et oeuvres de soeur Marie Lataste*, Tequin, París, 1974.

»De esta última manera no utilizan ningún objeto sensible para manifestarse, actúan directamente con el alma sobre el alma, hablan de espíritu a espíritu, como si un ángel se comunicara con otro ángel. Esto sucede tanto si su interlocutor está despierto como si está dormido. Se acercan a todos aquellos que se interesan por ellos y que se han dirigido a ellos...

»El movimiento de la voluntad no es real, como el que se imprimiría a un objeto cualquiera; la voluntad permanece siempre libre y, por ello, ni los ángeles ni Dios pueden imponer un movimiento hacia el bien si el alma no quiere.

»El movimiento del alma es una disposición hacia el bien, una actitud, una facilidad para hacer el bien. De esta forma los ángeles quitan los obstáculos que impedirían la voluntad y que la detendrían, o, en todo caso, los hacen desaparecer o los disminuyen.

»Dios gobierna, dirige y conduce todo gracias a su divina Providencia. Nada se le escapa porque él lo ha creado todo: lo conserva todo, vela sobre todo y tiene puesta su mirada en todo.

»Además, ha querido confiar la ejecución de los actos de su Providencia a los ministros que ha creado. Estos son los ángeles.

»Dios ha creado al hombre y se lo ha confiado a ellos. Los ángeles permanecen siempre a su lado, son sus custodios. Todos los hombres tienen un ángel de la guarda... Porque así es la voluntad del Padre, que actúa siempre pensando en el bien y en la salvación del hombre.

»Los ángeles de la guarda no han sido dados a los hombres a partir de mi llegada a este mundo puesto que existen desde el principio. Todos los hombres han recibido de Dios un ángel que vela por ellos. Esto es lo que el ángel de la guarda hace por vosotros y lo que vosotros debéis hacer por él. El ángel de la guarda aleja de vosotros los males del cuerpo y del alma; lucha contra vuestros enemigos, os invita a hacer el bien; lleva hasta Dios vuestras oraciones y apunta en el libro de la vida vuestras obras más meritorias; ruega por vosotros, os sigue hasta la muerte y os llevará hasta el seno de Dios, si vivís justamente durante vuestro paso por la tierra...

»Cualquier cosa puede afligir vuestro cuerpo para siempre, un pequeño accidente puede destruir vuestra alma. No estáis suficientemente preparados para evitar y alejar todos los peligros; y aunque lo estuvierais, no siempre lo podríais hacer solos.

»Aquello que vosotros no podéis ver lo ve vuestro ángel por vosotros y, así, él protegerá vuestro cuerpo y alma, alejando todo lo que podría crear dolor; él hace esto sin que vosotros lo percibáis.

»Si alguna vez pensáis en ellos y os preguntáis por qué habéis podido escapar a un cierto accidente o desgracia, tocaréis con la mano la acción de vuestro ángel...

»Finalmente vuestro ángel de la guarda os seguirá por todas partes, en todos los instantes de vuestra vida y, cuando tengáis que volver a Dios, el ángel os conducirá hasta él».

Padre Pío de Pietralcina

El padre Pío de Pietralcina ha sido uno de los místicos cristianos más conocidos del siglo XX; el 16 de junio de 2002 fue proclamado santo por el papa Juan Pablo II.

Francisco Forgione —así se llamaba— nació en el seno de una familia muy pobre del sur de Italia en 1887. Una precoz vocación religiosa lo empujó a entrar en la orden de los capuchinos. A causa de su precaria salud, fue enviado al monasterio de San Juan Rotondo, en Puglia, donde permaneció toda su vida, hasta 1968. Recibió los estigmas a través de un ángel, como explica él mismo:

> «Me encontré delante de un misterioso personaje... que tenía las manos, los pies y el costado con regueros de sangre. Su visión me aterrorizó; no sabría decir lo que sentí en aquel momento.
>
> »Me parecía que me estaba muriendo y lo hubiera hecho si el Señor no hubiera intervenido sosteniéndome el corazón, que sentía saltar en mi pecho. El personaje se retiró y yo vi que sus manos, sus pies y su costado chorreaban sangre».

Además, el padre Pío experimentó continuamente éxtasis, gozó de poderes curativos, tenía la capacidad de ver lo que ocurría a grandes distancias, podía estar presente simultáneamente en dos lugares, además de conocer las vidas pasadas, presentes y futuras de las personas, de quienes era capaz de leer su pensamiento y sus intenciones.

En particular, estuvo en contacto con ángeles de manera constante; el hecho más curioso es que no se encontraba sólo con su ángel de la guarda, sino también con el de otras personas, aunque estas no estuvieran presentes ante él. Para él era habitual decir estas palabras: «Si me necesitas, mándame a tu ángel de la guarda».

Muy pronto se difundió su fama y la gente acudía desde cualquier lugar para ser curada, recibir consejos y bendiciones. Al final se convirtió en un verdadero objeto de culto popular, y esta fue la razón principal de la desconfianza con la que le trataron siempre las jerarquías eclesiásticas, que durante un largo periodo le prohibieron celebrar misa y entrar en contacto con la gente, mientras le sometían a minuciosos controles médicos.

Jean Derobert ha reunido toda la copiosa correspondencia que el padre Pío mantenía con sus fieles, presentes en todo el mundo.[8] Hay dos cartas particularmente interesantes. Una está dirigida a su director espiritual, el padre Agustín, datada en 1912, y explica un episodio muy curioso. Durante una noche decididamente desgraciada, en la que el padre Pío se sintió agredido continuamente por espíritus malignos, invocó incesantemente a su ángel de la guarda, pero este no se presentó hasta la mañana siguiente. Esto hizo que el padre Pío se irritara mucho y se enfadara con su ángel.

> «Le reproché severamente por haberme hecho esperar durante tanto tiempo aunque no hubiera cesado, en ningún momento, de llamarlo en mi socorro. Para castigarlo decidí no mirarlo a la cara, quería irme, escaparme de él.
> »Pero él, el pobre, se me acercó casi llorando. Me agarró y me miró hasta que levanté los ojos, lo miré a la cara y me di cuenta de que estaba muy arrepentido.
> »Me dijo: "[...] Estoy siempre cerca de ti, mi querido protegido... El afecto que siento por ti no se apagará ni siquiera cuando tú mueras"».

La otra carta fue enviada, tres años más tarde, a una fiel suya llamada Raffaellina Cesare. En aquella carta escribió:

---

8. Jean Derobert, *Padre Pío témoin de Dieu*, Hovire, Marquain, 1986.

«Cómo me consuela saber que nos encontramos siempre bajo la mirada protectora de un espíritu celeste que no nos abandona nunca, ni siquiera (cosa admirable) en las acciones en las que desilusionamos profundamente a Dios...

»Coged la buena costumbre de pensar siempre en él. A nuestro lado llevamos siempre un espíritu celestial que, desde nuestra cuna hasta nuestro lecho de muerte, no nos abandona ni siquiera un instante, que nos guía y nos protege como un amigo, como un hermano, y que nos consuela siempre, especialmente en nuestras horas más bajas.

»Sabed que este buen ángel ruega por vosotros: ofrece a Dios todas vuestras buenas obras y vuestros deseos más sanos y puros. En los momentos en que os parece que estáis más solos y abandonados no os lamentéis por no tener un alma amiga a quien abrir vuestro corazón y confiar vuestras penas: por caridad, no os olvidéis de vuestro compañero invisible, que siempre está presente para escucharos y a punto para consolaros».

Sadhu Sundar Singh

Sadhu Sundar Singh, un indio que nació en 1889 en una familia de propietarios agrícolas, vivió una experiencia bastante interesante y significativa.

Sus padres, particularmente inteligentes y refinados, lo animaron a estudiar para que, entre otras cosas, pudiera alcanzar una buena posición social. Era un joven extremadamente brillante y curioso que estudió con profundidad los textos hindúes, musulmanes y sijes, aunque esto no le permitió encontrar la paz de su alma.

Fue enviado a estudiar a las mejores escuelas de la región, que dirigían misioneros cristianos, pero Sundar demostró una fuerte hostilidad frente a aquella religión.

Siempre iba en busca de algo que le faltaba y una noche rogó a Dios que se le revelara: decidió en su interior que si no sucedía nada se quitaría la vida, tal era la angustia y el sentimiento de vacío que lo invadía. Mientras se encontraba en su habitación inmerso en sus oraciones, tuvo la visión repentina de una gran claridad en la que, lentamente, se le apareció la figura de Cristo, que le dijo: «¿Por qué me consideras un enemigo? Yo fui sacrificado en la cruz por todo el mundo y también por ti».

Esta vivencia presenta grandes analogías con lo que le sucedió, mil ochocientos años antes, a Pablo de Tarso en el camino hacia Damasco. Sundar cayó de rodillas delante de la aparición y decidió convertirse al cristianismo.

Esto provocó un profundo rechazo en su padre, quien, después de intentar hacerle cambiar de opinión, lo echó de casa y lo desheredó. Esto no desanimó a Sundar, que inició una existencia errante y profundizó más en el conocimiento del cristianismo, convirtiéndose en un predicador itinerante.

Él relataba que durante su vida había tenido tres encuentros particularmente significativos con ángeles.

El primero tuvo lugar mientras se dirigía a un pueblo. En aquel momento su estado de ánimo era muy depresivo y durante el camino se le acercó un caminante que iba en su misma dirección. Empezó a hablarle y le transmitió tal conocimiento y serenidad que Sundar se sintió profundamente aliviado cuando llegaron al final del recorrido. Pero entonces Sundar se dio la vuelta y no vio a nadie cerca de él: el hombre misterioso había desaparecido tal como había llegado.

En el segundo Sundar estaba recorriendo un sendero más bien impracticable, a través de un bosque en la cordillera del Himalaya. Cuando la noche estaba a punto de caer, se encontró en la orilla de un río bastante difícil de atravesar. Pasar la noche solo y acampado en la orilla del río parecía peligroso, puesto que el bosque estaba lleno de animales salvajes. Sundar se sentía perdido, pero al mirar al otro lado del río descubrió a un hombre que se estaba calentando frente a una hoguera. A su vez, este también lo vio y le dijo que no se preocupara porque iría a ayudarle: de hecho, vadeó el río, cargó en sus espaldas a Sundar y lo transportó hasta la otra orilla afrontando con mucha seguridad los insidiosos rápidos. Cuando llegó a la otra orilla, Sundar se dio cuenta de que estaba solo: el hombre y la hoguera habían desaparecido.

El tercer encuentro tuvo lugar en una ciudad del Tíbet donde Sundar fue arrestado acusado de predicar una herejía, por lo que se le llevó ante el líder de los lamas. Después de un proceso muy breve, fue lanzado al fondo de un pozo seco al que se arrojaba a los condenados a muerte. Se encontró solo, en la oscuridad más profunda, en medio de los huesos de aquellos que le habían precedido en aquel final horrendo, pero Sundar rezó, usando las palabras de Jesús en el Gólgota: «Dios mío, ¿por qué me has abandonado?». Después de algún tiempo oyó que alguien quitaba la cubierta del pozo. Un hombre se asomó al borde y le tiró una cuerda para ayudarle a subir. De esta forma Sundar pudo alejarse sin ser molestado. También en esta ocasión no quedó ningún indicio de su misterioso salvador.

Teresa Neumann

Teresa Neumann nació en un pueblecito de Baviera, en Alemania, en 1898 y murió en 1962.

Fue una gran mística y recibió los estigmas.

Su caso es relevante porque a partir del 29 de abril de 1923 dejó completamente de alimentarse y permaneció en ayunas hasta su muerte, que le llegó casi cuarenta años después.

También ella encontró una gran oposición en el seno de la Iglesia, que no creía en la autenticidad de su experiencia. Por ello Teresa fue sometida a pruebas y controles muy severos en hospitales en los que fue puesta en cuarentena, delante de numerosos médicos de fama internacional, quienes escribieron informes extremadamente precisos sobre la naturaleza de sus revelaciones.

La mística tenía visiones muy frecuentes y muchas de ellas estaban pobladas de ángeles. Entre ellas se encuentran algunas bastante curiosas, pues se trata de visitas de los ángeles que ya se relatan en algunos episodios bíblicos.

Su biógrafo, Johannes Steiner,[9] cita un par de ellas, las cuales son bastante significativas. La primera tiene que ver con el anuncio que el arcángel Gabriel hizo a María de Nazaret en relación con la maternidad de su hijo Jesús:

> «Teresa ve a una mujer joven, casi todavía una chiquilla, en una casa pequeña, inmersa en sus oraciones. De repente ante ella aparece un hombre luminoso (expresión que Teresa Neumann utilizaba para designar a los ángeles): no ha entrado, simplemente se encuentra allí.
>
> »Entonces le pregunté a Teresa: "¿Tenía alas?" y ella dijo: "¿Qué te crees? Los seres luminosos no necesitan alas". El hombre luminoso se inclina delante de la asustada jovencita y habla...
>
> »María, que continúa asustada, pero con la expresión más confiada, mira a la figura luminosa. El ángel dice otras cosas solemnes. Ella le pregunta algo al ángel y este responde; cuando acaba de hablar, la joven inclina la cabeza y pronuncia un par de palabras.
>
> »En ese mismo momento Teresa ve una gran luz que proviene de arriba y que entra en la joven, mientras el ángel se inclina y desaparece».

Al escuchar esta narración se puede pensar que Teresa se ha limitado a revivir con su fantasía un episodio citado en los Evangelios, que seguramente había leído una y otra vez hasta conocer de memoria todos sus mínimos detalles. De todas formas no se entiende por qué no narra el texto del diálogo y en cambio se limita a decir que se pronunciaron palabras.

---

9. Johannes Steiner, *The visions of Teresa Neumann*, Alba House, Nueva York, 1975.

La segunda visión tiene que ver con el anuncio a los pastores, por parte de los ángeles, del nacimiento milagroso de Jesús en Belén. Media hora después de la medianoche, luego de que Teresa asistiera al nacimiento del Redentor, se vio transportada delante de una cabaña que distaba unos veinte minutos del establo y que se encontraba sobre una colina. Allí, ocho pastores se resguardaban de la noche.

De improviso se hizo como de día y todos los que estaban en la cabaña se asustaron; con mucho cuidado atisbaron fuera y a una altura de más o menos tres metros, sobre una nube reluciente, vieron un ángel, una figura de un joven hecha de luz, con el hábito blanco resplandeciente, con mangas largas y cinturón.

Era el mismo ángel que había hablado con María. Tenía puesta sobre su pecho la mano izquierda y alzada la derecha. No tenía alas. Todo el paisaje alrededor estaba iluminado por la luz que emanaba de esta figura. Después este habló a los pastores para tranquilizarlos, con voces claras, amistosas y solemnes; utilizó para ello su lengua.

Dos veces señaló con la mano derecha hacia el lado izquierdo. Cuando terminó de hablar aparecieron a su alrededor otros muchos ángeles, también luminosos, encima de unas espléndidas nubes; juntos entonaron un maravilloso canto que los pastores escucharon con gran atención y luego desaparecieron. Los pastores discutieron entre ellos y después se pusieron en marcha hacia Belén...

También en este caso la narración se diferencia en algunos detalles de la más conocida de los Evangelios.

El libro de Enoc

Escrito aproximadamente dos siglos antes de Jesucristo, el libro etíope de Enoc —patriarca bíblico y padre de Matusalén, que la genealogía designa como el hijo de Caín y el séptimo hombre de la línea de Adán— no ha sido integrado en la Biblia por parte de los poderes religiosos debido a que no ha sido posible comprobar su autenticidad.

Recordemos, además, que los Concilios de Roma (745) y de Aix-la-Chapelle (789) rechazaron el uso de los nombres de los ángeles, con excepción de los utilizados en la Biblia —Miguel, Gabriel y Rafael—; por el contrario las iglesias griega y copta son devotas incluso de Uriel.

Es imposible, sin embargo, no destacar el libro de Enoc entre los numerosos escritos llamados apócrifos, puesto que otorga mucha importancia a los ángeles. De este modo se puede conocer cómo algunos de estos entes celestiales pecan en contra de su naturaleza uniéndose así a los hombres, cómo los ángeles buenos interceden en favor de los hijos de Dios, de qué manera cumplen con su papel de mensajeros (en especial al lado de Noé en el momento del diluvio), cómo son, cómo se llaman, cuáles son los más importantes y qué funciones desarrollan en la jerarquía celestial.

En resumen, se trata de una excelente fuente de información que ha contribuido en gran medida a la propagación de la angelología, tanto desde el punto de vista de las creencias personales y colectivas como de las representaciones artísticas, como se verá más adelante, en las siguientes páginas.

Intercesión de los arcángeles en favor de los hombres

«Entonces Miguel, Uriel, Rafael y Gabriel observaron la tierra desde el santuario de los cielos y vieron mucha sangre derramada sobre la tierra y la injusticia y la violencia que se cometía en ella. Y se dijeron el uno al otro:

»—El grito y el lamento por la destrucción de los hijos de la tierra sube hasta las puertas del cielo mientras suplican: "Llevad nuestra causa ante el Altísimo".

»Y Rafael, Miguel, Uriel y Gabriel dijeron al Señor del mundo:

»—Tú eres nuestro gran Señor, el Señor del mundo, el Dios de dioses, el Señor de señores y el Rey de reyes; los cielos son el trono de tu gloria por todas las generaciones que existen desde siempre; toda la tierra es un escabel ante ti para siempre, y tu nombre es grande, santo y bendito por toda la eternidad. Eres tú quien todo lo ha creado y en ti reside el poder sobre todas las cosas; todo se descubre en toda su desnudez ante ti; tú lo ves todo y nada se te puede esconder. Tú has visto lo que ha hecho Azazel, cómo ha enseñado toda injusticia sobre la tierra y revelado los secretos eternos que se cumplen en los cielos; y lo que ha enseñado a los humanos Shemihaza, al que tú habías dado la facultad de gobernar sobre sus compañeros. Ellos han ido hacia las hijas de los hombres y se han acostado con ellas y se han profanado a sí mismos descubriéndoles todo pecado. Luego, estas mujeres han parido en el mundo gigantes, por lo que la tierra se ha llenado de sangre e injusticia. Y ahora mira que las almas de los que han muerto gritan y se lamentan hasta las puertas del cielo y su gemido ha subido y no puede cesar debido a la injusticia que se comete en la tierra. Pero tú que conoces todas las cosas antes de que sucedan, tú que sabes aquello, tú los toleras y no nos dices qué debemos hacerles al observar eso».

Los siete arcángeles y sus funciones

«He aquí los nombres de los santos ángeles que vigilan:
»— Uriel, llamado el del trueno y el temblor.
»— Rafael, el de los espíritus de los humanos.
»— Rauel, que se venga del mundo de las luminarias.
»— Miguel, encargado de la mejor parte de la humanidad y del pueblo.
»— Sariel, encargado de los hijos de los hombres que pecan en espíritu.
»— Gabriel, encargado del paraíso, las serpientes y los querubines.
»— Remeiel, al que Dios ha encargado que se ocupe de los resucitados».

Adviértase que el lugar que ocupa San Miguel arcángel, en la mitad de la lista, no es casual. Al contrario, puesto que esta posición central funciona como eje y refleja su importancia principal en el grupo.

Los ángeles, organizadores de los fenómenos naturales

Retomando la tradición espiritual que asocia un poder sobrenatural a los elementos naturales, Enoc nombra una serie de ángeles que dominan los fenómenos naturales:

- Baradiel, príncipe del granizo.
- Barahiel, príncipe del rayo.
- Calgaliel, príncipe del sol.
- Kokbiel, príncipe de las estrellas.
- Laylahel, príncipe de la noche.
- Matariel, príncipe de la lluvia.
- Ofaniel, príncipe de la luna.
- Raamiel, príncipe del trueno.
- Raasiel, príncipe de los terremotos.
- Rhatiel, príncipe de los planetas.
- Ruthiel, príncipe del viento.
- Salgiel, príncipe de la nieve.
- Samsiel, príncipe de la luz del día.
- Zaameel, príncipe de la tempestad.
- Zaafiel, príncipe del huracán.
- Zawael, príncipe del torbellino.
- Ziquiel, príncipe de los cometas.

Dionisio *el Areopagita* y la cábala

Como hemos visto anteriormente, la encarnación de Dios en hombre en la figura de Jesucristo va a transformar el lugar que ocupaban los ángeles hasta entonces. A partir de ese momento se redefinió la naturaleza de los ángeles, de los cuales aún no se podían concebir imágenes precisas (aparte de las que ofrecían ciertas visiones de los profetas en la Biblia).

Estos espíritus puros parecían tener un cuerpo y algunos de ellos —si creemos lo que dice el Libro de Enoc— estaban camuflados físicamente «entre las hijas de los hombres». Se acordó entonces considerarlos como seres de «cuerpo etéreo» (San Ambrosio, San Jerónimo y San Agustín) de los que se puede ofrecer una representación.

No nos sorprenderá que estas puestas en escena se inspiren en gran modo en los modelos sucesivamente ofrecidos por los *Kâribus* asiriobabilónicos y las visiones proféticas de la Biblia: la extrema celeridad de los ángeles —capaces de desplazarse a todas partes con una velocidad vertiginosa— implica estética y simbólicamente la adición de alas, un accesorio que gozó de gran éxito.

Queda aún por considerar otra cuestión: la clasificación de los ángeles. Para llevarla a cabo, ¿sería necesario catalogar a los ángeles según sus funciones o bien bajo el prisma de una simple jerarquía? Esta pregunta encontró respuesta hacia el siglo V gracias a Dionisio *el Areopagita*, que apostó firmemente por la segunda opción.

Dionisio *el Areopagita*

Miembro del tribunal de la ciudad (el Areópago) de Atenas, Dionisio fue convertido al cristianismo por San Pablo a mediados del siglo I. La tradición nos cuenta que fue el primer obispo de la ciudad, donde moriría mártir algunas décadas más tarde. Según lo anterior, él no puede ser el responsable de la elaboración de la jerarquía celestial, ya que el texto fue redactado en el siglo V. No se sabe nada del verdadero autor de esta clasificación radicalmente nueva de los entes celestiales, que, pese a todo, está firmada por Dionisio *el Areopagita*.

Hay que señalar igualmente que, durante mucho tiempo, Dionisio *el Ateniense* fue confundido erróneamente con San Dionisio, antiguo obispo de París. El mundo occidental no conoció estos escritos apócrifos hasta el siglo VI, cuando el papa Gregorio Magno evocó por primera vez la organización de los ángeles que estos presentaban. La Iglesia de Constantinopla se adelantó unos años a Occidente y ya aludía a la obra de Dionisio en el primer tercio del mismo siglo.

La cábala

La palabra *cábala* proviene del hebreo *quibbel*, «recibir por tradición». En sus orígenes, el término se aplicaba a todo aquello relacionado con la transmisión —oral o escrita— de las enseñanzas específicas de la doctrina religiosa. Sin embargo, a partir del siglo XIII, la palabra toma un significado más específico para designar el estudio y la transmisión de un sistema doctrinal particular y esotérico cuyos pensadores recibieron el nombre de *cabalistas*. A principios del siglo XVII, finalmente, se decidió aplicar exclusiva-

LA JERARQUÍA CELESTIAL

Dionisio *el Areopagita* organiza el vasto cuerpo de ángeles en tres grupos, cada uno de los cuales ejerce una función:

1. Serafines, querubines y tronos

— Los serafines: colocados en el lugar más alto de la jerarquía, rodean el trono de Dios y cantan sus alabanzas.
— Los querubines están igualmente cercanos al trono divino y simbolizan la sabiduría divina.
— Los tronos representan la justicia divina.

2. Dominaciones, virtudes, potestades

— Las dominaciones y las potestades son responsables de los elementos naturales y de los cuerpos celestiales.
— Las virtudes están relacionadas con la Pasión de Cristo.

3. Principados, arcángeles y ángeles (a través de todos ellos se establece la relación con la humanidad)

— Los principados protegen las naciones.
— Los arcángeles son los mensajeros de Dios (la tradición ha popularizado tres nombres entre ellos: Gabriel, Miguel y Rafael).
— Los ángeles protegen a todos los hombres.

Para Dionisio *el Areopagita*, esta clasificación no es solamente orgánica, sino también dinámica. De hecho, se trata en cierta manera de una escala graduada a través de la que se puede ascender o descender indistintamente. Cada grado representa una etapa de mejora y de perfeccionamiento espirituales en el camino que lleva a Dios o, al contrario, un descenso progresivo desde el poder divino hacia las criaturas terrestres.

(Continúa)

Pero sea cual sea el sentido del camino, podemos decir que esta organización en tres tríadas sucesivas funciona igualmente de manera horizontal: los diferentes cuerpos forman parte de cada estadio, que representa los distintos grados de perfeccionamiento posible en el seno del grupo considerado. Contemplado desde este punto de vista, se comprende mejor la importancia de los diferentes cuerpos de entes celestiales, concebidos para atraer, educar y finalmente elevar a los otros ángeles y al hombre mismo hacia la perfección divina. Las precisiones que da Dionisio *el Areopagita* no dejan lugar a dudas sobre este tema. Para él, en efecto, los cuerpos de la tríada superior se definen de la manera siguiente:

— Los serafines: representan «el movimiento perpetuo alrededor de los secretos divinos» y poseen «el poder de educar eficazmente a sus inferiores a su semejanza».
— Los querubines: poseen la inefable «aptitud de conocer y contemplar a Dios, recibir los dones más altos de su luz» y «acoger la plenitud de los dones de la sabiduría».
— Los tronos: tienen la característica de no poder realizar ninguna «concesión a los bienes inferiores» y de ser incapaces de realizar ninguna «bajeza». Su función consiste en el insigne privilegio de sostener el trono de Dios.

Los cuerpos de la segunda tríada responden a las definiciones, características y funciones siguientes:

— Las dominaciones: representan la pura «elevación espiritual» desprovista de todo «compromiso terrestre».
— Las virtudes: se singularizan en un «poder» de orden intelectual que les es propio y del cual el hombre no puede tener ningún conocimiento.
— Las potestades: actúan con una voluntad firme según los designios de Dios.

(Continúa)

Los cuerpos inferiores también tienen características propias:
- Los principados: se definen como «potestades de mando de mayor rango».
- Los arcángeles: aunque relacionados orgánicamente con los ángeles, se distinguen por su función de intermediarios «entre los tres santos principales», con los que están «en comunión», y con el conjunto de ángeles a los cuales «confieren unidad».
- Los ángeles: es el cuerpo de «menor grado de calidad angélica», aquel que lleva al hombre a tomar conciencia de la jerarquía angelical y gracias al cual se puede empezar a subir hacia Dios.

Aunque apócrifa, esta jerarquía de Dionisio *el Areopagita* influirá considerablemente en el mundo cristiano durante muchos siglos hasta que la cábala aparezca para enriquecer y hacer más compleja esta organización; de esta forma se establecieron las bases del universo angelical que conocemos hoy en día.

mente el término *cábala* a un determinado tipo de interpretación judía del Antiguo Testamento que se realiza a partir de los veintidós signos del alfabeto.

Retomando lo dicho sobre los ángeles en el Antiguo Testamento e inspirándose notablemente en escritos apócrifos de Enoc y de Dionisio *el Areopagita*, los estudiosos de la cábala —que hablan de la existencia de innumerables seres intermediarios entre Dios y el hombre— establecen su «concepción del mundo» a través de una obra fundamental, el *Zóhar* o *Libro del esplendor*. Elaborada por Moisés de León a finales del siglo XIII, esta doctrina precisa el número y los nombres de los entes celestiales por medio de los cuales Dios creó el mundo. Estos diez «cuerpos» o sefiras se hallan organizados en tres tríadas, coronadas por el mismo principio de Dios.

Aún quedaba entonces determinar la jerarquía precisa de estos ángeles, así como sus funciones en el seno de los diferentes cuerpos «angelicales» con los que se les relaciona. Todo ello fue posible gracias a la recreación de las diferentes categorías esbozadas por sus predecesores —profetas, visionarios y otros autores de escritos apocalípticos—, que dieron nombre a los distintos entes angelicales y los distribuyeron a lo largo del año desde un punto de vista astrológico, ya que los diferentes ángeles se encuentran asociados a los planetas.

Los diferentes cuerpos angelicales

No hay grandes sorpresas en este punto, puesto que la categorización de la cábala retoma la definición de Dionisio *el Areopagita*, es decir:

1. Serafines.
2. Querubines.
3. Tronos.
4. Dominaciones.
5. Potestades.
6. Virtudes.
7. Principados.
8. Arcángeles.
9. Ángeles.

Dentro de esta organización, es evidente que cada cuerpo angelical se define en relación con los otros en función de una «perfección» constantemente superior (si uno parte desde abajo), como si se tratara de una escala graduada en la que los estadios inferiores se benefician de la luz de los superiores.

Sin embargo, la novedad de esta jerarquía reside en el hecho de que en cada categoría, dotada de ocho entidades celestiales, cada ángel tiene su nombre (según una técnica particular que mostraremos más adelante) y corresponde a un periodo específico del año. Cada estadio de la jerarquía está, en efecto, relacionado con un planeta del sistema solar y cada ángel se determina en función de su posición en el calendario de este sistema planetario. Concretamente hay cinco grados de diferencia entre cada uno de ellos, de modo que el conjunto de los setenta y dos ángeles cubren así los trescientos sesenta grados de la revolución astrológica anual.

La determinación del nombre de los ángeles

Como sabemos, cada una de las veintidós letras del alfabeto hebreo posee una correspondencia numérica que permite determinar el número específico de cada palabra. Por lo tanto, podemos percibir un significado oculto que, de otro modo, se nos escaparía.

Esta lectura del sentido «secreto» de los términos a través del simbolismo de los números constituye, en efecto, uno de los acercamientos más originales de la cábala, que utiliza una tabla de conversión inmutable para este fin.

A partir de esta cuadrícula de cálculo, aplicada a los versículos bíblicos 19, 20 y 21 del Éxodo —que tienen como peculiaridad estar compuestos por setenta y dos signos cada uno—, se determinó el nombre de los diferentes entes celestiales según un procedimiento de permutación de letras tan complejo como riguroso, en parte fruto de la tradición bíblica.

Notemos finalmente que el carácter angelical de un nombre está marcado por el sufijo -el o -iah. Por tradición, se ha establecido que los ángeles que pueblan el norte y el sur se distinguen respectivamente con los sufijos -ael e -iah (por ejemplo, Nanael y Vehuiah), y aquellos que residen en el este o el oeste, con los sufijos -el e -iel (ejemplo: Rochel y Ariel).

El lugar de los ángeles en el Zodiaco

En relación con la astrología, cada uno de los setenta y dos ángeles que forman las tres tríadas domina una de las setenta y dos secciones de cinco grados que componen el arco zodiacal. En términos temporales esto se traduce en una influencia de aproximadamente cinco días para cada ángel: el intervalo entre el número de días (trescientos sesenta y cinco para los años corrientes, trescientos sesenta y seis para los bisiestos) y los trescientos sesenta grados del Zodiaco explica las variantes temporales observadas entre los diferentes autores. Según estos detalles, es posible diseñar una «cartografía» de ángeles a partir de la cual cada uno podrá determinar el ángel que le corresponde en función de su día de nacimiento; y, por lo tanto, saber qué beneficios especiales se pueden recibir bajo su protección celestial.

Asimismo, conviene señalar finalmente que cada cuerpo de ángeles está bajo la autoridad de un arcángel rector.

La agenda angelical astrológica

Si se empieza, como es lógico, por el primer cuerpo de la primera tríada —a saber, los serafines—, la agenda angelical comienza en primavera. No es sorprendente, puesto que sabemos que los cabalistas no empiezan su año el 1 de enero, sino el 21 de marzo (es decir, en el primer grado del signo astrológico del Carnero).

LOS ÁNGELES Y EL ZODIACO

SERAFINES
Arcángel: Metatron
21-25 marzo: Vehuiah
26-30 marzo: Jeliel
31 marzo-4 abril: Sitael
5-9 abril: Elemiah
10-14 abril: Mahasiah
15-19 abril: Lelahel
20-24 abril: Achaiah
25-29 abril: Cahetel

QUERUBINES
Arcángel: Raziel
30 abril-4 mayo: Haziel
5-9 mayo: Aladiah
10-14 mayo: Lauviah
15-19 mayo: Hahaiah
20-24 mayo: Iezalel
25-29 mayo: Mebael
30 mayo-3 junio: Hariel
4-8 junio: Hekamiah

TRONOS
Arcángel: Binael
9-13 junio: Lauviah
14-18 junio: Caliel
19-23 junio: Leuviah
24-28 junio: Pahaliah
29 junio-3 julio: Nelkhael
4-8 julio: Yeiayel
9-13 julio: Melahel
14-18 julio: Haehuiah

DOMINACIONES
Arcángel: Hesediel
19-23 julio: Nithaiah
24-28 julio: Haaiah
29 julio-2 agosto: Yeratel
3-7 agosto: Seheiah
8-12 agosto: Reuel
13-17 agosto: Omael
18-22 agosto: Yecabel
23-27 agosto: Vasariah

POTESTADES
Arcángel: Camael
28 agosto-1 set.: Yehuiah
2-6 set.: Lehahiah
7-11 set.: Chavakiah
12-16 set.: Menadel
17-21 set.: Ariel
22-26 set.: Haamiah
27 set.-1 octubre: Rehael
2-6 octubre: Yezalel

VIRTUDES
Arcángel: Rafael
7-11 octubre: Hahahel
12-16 octubre: Mikael
17-21 octubre: Veuliah
22-26 octubre: Yelahiah
27-31 octubre: Sehaliah
1-5 noviembre: Ariel
6-10 noviembre: Asaliah
11-15 noviembre: Mihael

PRINCIPADOS
Arcángel: Daniel
16-20 noviembre: Vehuel
21-25 noviembre: Daniel
26-30 noviembre: Hahasiah
1-5 diciembre: Imamiah
6-10 diciembre: Nanael
11-15 diciembre: Nithael
16-20 diciembre: Mebahiah
21-25 diciembre: Poyel

ARCÁNGELES
Arcángel: Miguel
26-30 dic.: Nemamiah
31 dic.-4 enero: Yeyalel
5-9 enero: Harael
10-14 enero: Mitzrael
15-19 enero: Umabel
20-24 enero: Iahel
25-29 enero: Anauel
30 enero-3 febrero: Mehiel

ÁNGELES
Arcángel: Gabriel
4-8 febrero: Damabiah
9-13 febrero: Manakel
14-18 febrero: Eyael
19-23 febrero: Habuhiah
24-28 febrero: Rochel
1-5 marzo: Jabamiam
6-10 marzo: Haiayel
11-16 marzo: Mumiah

Las protecciones angelicales

Puesto que cada uno de los setenta y dos ángeles está relacionado con un arco específico del Zodiaco, se puede vincular con nuestra fecha de nacimiento. Y, de esta manera, conoceremos las protecciones, ayudas y asistencias particulares que nos puede ofrecer según su función específica. Esto es al menos lo que piensan aquellos que defienden el enfoque cabalístico, un acercamiento más relacionado con creencias esotéricas que con una verdadera espiritualidad.

En cualquier caso, a continuación se pueden encontrar los grandes ejes de influencia y de inspiración aplicados a cada ángel, aunque hay que tener en cuenta que los periodos atribuidos a cada uno son susceptibles de ligeros cambios para que coincidan plenamente con el conjunto de días que se le atribuyen según el calendario anual.

Los serafines

1. Vehuiah (21-25 marzo): sostiene la voluntad y favorece la perseverancia en la búsqueda espiritual. Ayuda en todo lo que concierne a las investigaciones intelectuales, científicas y artísticas.
2. Jeliel (26-30 marzo): influye favorablemente en la facultad del juicio, calma e ilumina las mentes y favorece la armonía familiar.
3. Sitael (31 marzo-4 abril): favorece la autorrealización mediante la verdad y la honestidad. Ayuda a la realización de los proyectos más nobles protegiendo de cualquier trampa.
4. Elemiah (5-9 abril): prodiga fuerza, coraje y determinación a los emprendedores, a los artistas y a los viajeros en particular. También preserva la paz interior.

5. Mahasiah (10-14 abril): favorece la acción y preside la armonía interior y exterior en todas las empresas. Juega un papel positivo en la elaboración del pensamiento y la creación artística.
6. Lelahel (15-19 abril): ayuda a desarrollar el sentido estético y apoya al hombre en su búsqueda de la armonía amorosa. Constituye un auxilio precioso para los artistas.
7. Achaiah (20-24 abril): aporta su luz a los buscadores en los dominios de la ciencia y de la espiritualidad insuflándoles la virtud de la paciencia. También contribuye a desarrollar la tolerancia y la inteligencia.
8. Cahetel (25-29 abril): ayuda a desarrollar las cualidades intrínsecas de la personalidad y del carácter, dispensando salud y energía. Desarrolla también la facultad del conocimiento de lo oculto y la armonía con la naturaleza.

Los querubines

9. Haziel (30 abril-4 mayo): incita a la práctica del amor total y desinteresado con un doble objetivo terrestre y espiritual. Ayuda a la realización de una empresa en perfecta armonía con los otros.
10. Aladiah (5-9 mayo): protector de la salud física y moral, ayuda, conforta y da seguridad, especialmente en el ámbito de la vida profesional, y ofrece medios físicos e intelectuales para alcanzar su objetivo.
11. Lauviah (10-14 mayo): vela por el equilibrio físico, mental y espiritual, y permite adquirir los medios para un compromiso pleno y profundo —con sabiduría y diplomacia— con todos los ámbitos que requieren reflexión y creación.
12. Hahaiah (15-19 mayo): favorece todo aquello relacionado con el sentido del análisis y la inspiración creativa. Su ayuda es

especialmente preciosa para llevar a cabo proyectos a pesar de los obstáculos y otros imponderables. Ofrece, asimismo, la clave de algunos sueños.

13. Lezalel (20-24 mayo): enseña el sentido del amor y de la fidelidad, tanto entre esposos como hacia el prójimo. Por extensión, favorece la paz y la armonía entre los hombres gracias al más puro espíritu de acogida y tolerancia.

14. Mebael (25-29 mayo): desarrolla el sentido de la equidad y protege a todas las víctimas de los juicios únicos. Apoya a cada uno en sus empresas y garantiza protección ante cualquier forma de corrupción.

15. Hariel (30 mayo-2 junio): ayuda a explotar los recursos de disponibilidad y de acogida que cada uno posee en grados diferentes, pero todo bajo un gran espíritu de tolerancia. Invita igualmente a realizar la elevación espiritual y, de forma más anecdótica, confiere un talento natural para el aprendizaje de las lenguas extranjeras.

16. Hekamiah (4-8 junio): insufla sabiduría en el sentido más amplio del término, inspirando rectitud, franqueza y nobleza de alma. Igualmente ofrece los medios para comprender a los demás. También protege de los problemas mentales.

Los tronos

17. Lauviah (9-13 junio): refuerza las virtudes de la sabiduría y de la intuición para recibir mejor los mensajes explícitos o implícitos que provienen de Dios. Desarrolla, asimismo, el significado del respeto al otro y ofrece los medios para comprender el sentido de las pruebas que nos impone la existencia, permitiendo afrontarlas y superarlas mejor.

18. Caliel (14-18 junio): inspira el amor de la verdad y favorece las actividades profesionales relacionadas con el ámbito de la ciencia y de la investigación. Da fuerzas y constancia para superar las dificultades cotidianas y protege de los calumniadores.

19. Leuviah (19-23 junio): enseña sabiduría, tolerancia y serenidad con nosotros y con los demás. Da alegría de vivir y ayuda a realizar proyectos y protegernos de accidentes y enfermedades.

20. Pahaliah (24-28 junio): favorece y apoya el compromiso espiritual en sus desarrollos más exigentes, e inspira tolerancia. Protege de los calumniadores.

21. Nelkahael (29 junio-3 julio): desarrolla el sentido de la justicia y fidelidad y afianza al hombre en su búsqueda de la bondad. Facilita la comprensión del misterio, tanto de los otros como del propio mundo para desarrollar un clima de amor y armonía.

22. Yeiayel (4-8 julio): inspira sentimientos agudos de compasión, de ayuda y de solidaridad hacia los más necesitados. Apoya las acciones de colaboración y protege durante los viajes si se emprenden con una intención real de reencuentro con el otro.

23. Melahel (9-13 julio): inspira respeto por uno mismo, por el otro y por el mundo, y favorece la armonía con la naturaleza.

24. Haehuiah (14-18 julio): inspira la franqueza y la honestidad, y favorece el análisis personal. Protege de los peligros inherentes en toda empresa humana, gracias a lo cual cada uno —incluidos los inconstantes o débiles— pueden comprometerse con toda confianza en el camino escogido.

Las dominaciones

25. Nithaiah (19-23 julio): inspira sabiduría, grandeza de alma y desinterés por las ataduras humanas; búsqueda espiritual o relaciones personales. Favorece igualmente la meditación y suscita sueños premonitorios, mediante los cuales ofrece claves para la lectura de los hechos.

26. Haaiah (24-28 julio): insufla el espíritu de justicia y de verdad a través de un gran sentido de la rectitud y de la honestidad. Asiste y aconseja a aquellos que, profesionalmente o no, deben emitir juicios. Ayuda al ser en su búsqueda de lo divino.

27. Yeratel (29 julio-2 agosto): insufla optimismo, felicidad y alegría de vivir, ofreciendo los medios para que los otros también lo aprovechen. Ayuda a las empresas humanas protegiéndolas de los ataques de los celosos y los malvados.

28. Seheiah (3-7 agosto): dispensa la sabiduría, prudencia y perseverancia indispensables a aquellos que se lanzan a empresas de largo recorrido. Además, ofrece fuerza, salud y resistencia mental y física; protege de los accidentes, especialmente en aquellos relacionados con el fuego.

29. Reuel (8-12 agosto): ilumina las conciencias en el camino de la elevación espiritual e inspira discursos para la elevación de las almas.

30. Omael (13-17 agosto): favorece la explosión del buen humor, de la armonía con los otros, y preserva el buen estado de la salud. Abre los corazones a un amor fecundo en todo el sentido del término. Inspira a los investigadores con una mejor comprensión de la naturaleza.

31. Yecabel (18-22 agosto): insufla el coraje y la perseverancia a los trabajadores, sobre todo a aquellos cercanos a la naturaleza. Refuerza el equilibrio y la armonía.

32. Vasariah (23-27 agosto): dispensa fuerza y vigor para superar todas las dificultades de la vida cotidiana, y ayuda a desarrollar un agudo sentido de la justicia. Abre el corazón y el alma a la felicidad.

Las potestades

33. Yehuiah (28 agosto-1 septiembre): ilumina las almas y ayuda a las conciencias en su búsqueda espiritual y sus acciones cotidianas. Favorece el altruismo y la filantropía. Protege a las personalidades que están a cargo de responsabilidades públicas.

34. Lehahiah (2-6 septiembre): inspira las virtudes de justicia, lealtad, franqueza y fidelidad en todos nuestros actos. Facilita el contacto con los otros y ofrece los medios para preservar la armonía indispensable a toda la jerarquía social.

35. Chavakiah (7-11 septiembre): afianza las conciencias e insufla el sentido de la tolerancia y del perdón en todos los actos de la vida social y profesional.

36. Menadel (12-16 septiembre): inspira el despertar de la espiritualidad favoreciendo el desarrollo personal. Insufla fuerza, coraje y perseverancia en todo lo que concierne al ámbito del trabajo.

37. Ariel (17-21 septiembre): conforta el sentido moral y afianza la voluntad en los caminos de la búsqueda espiritual inspirando actos de amor. Permite igualmente tomar conciencia de las faltas y los errores.

38. Haamiah (22-26 septiembre): guía a los espíritus en su búsqueda de la verdad, de la belleza y del amor, y ofrece los medios para no sucumbir a las pasiones. Además, protege de numerosos peligros.

39. Rahael (27 septiembre-1 octubre): protege la armonía familiar inspirando relaciones de respeto y amor. Dispensa también numerosos beneficios en materia de equilibrio y de salud personales.

40. Yezalel (2-6 octubre): favorece la acogida y el amor, y dispensa los dones de creación artística, especialmente para la literatura y el dibujo. Protege, asimismo, de la ansiedad y la angustia.

Las *virtudes*

41. Hahahel (7-11 octubre): guía por el camino de la excelencia espiritual favoreciendo la renuncia a los bienes materiales. Inspira el amor al prójimo en un espíritu de tolerancia y apoya los actos de altruismo.

42. Mikael (12-16 octubre): inspira el sentido de la armonía, insufla el espíritu de justicia y protege especialmente a aquellas personas comprometidas en la política.

43. Veuliah (17-21 octubre): insufla coraje y voluntad en todos los combates en favor de la paz, la justicia y la libertad. Ilumina a las personas con responsabilidades políticas.

44. Yelahiah (22-26 octubre): asiste en todas las pruebas cotidianas, y ofrece los medios para iluminar a los demás en la realización de objetivos nobles. Protege igualmente de toda forma de injusticia.

45. Sehaliah (27-31 octubre): ayuda en todas las ocasiones, especialmente en los momentos más difíciles, ofreciendo los medios para perseverar en el camino correcto. Confiere nobleza al alma y anima a cuidar del prójimo.

46. Ariel (1-5 noviembre): favorece la consecución de los proyectos multiplicando nuestros recursos y desarrollando nuestras fuerzas. Confiere, además, un poder de intuición real y sueños premonitorios comprensibles.

47. Asaliah (6-10 noviembre): atrae al espíritu hacia las más elevadas esferas, e ilumina nuestra comprensión de los seres y cosas. De esta manera, permite resolver con éxito los problemas de orden jurídico o psicológico.

48. Mihael (11-15 noviembre): inspira sentimientos de amor, de paz y de bondad, velando especialmente por la armonía en la pareja. Favorece igualmente la fecundidad y protege de males.

Los principados

49. Vehuel (16-20 noviembre): envía luz, alegría y serenidad, gracias a las cuales se trabaja en el perfeccionamiento personal y la relación con los otros.
50. Daniel (21-25 noviembre): insufla un fuerte sentimiento de justicia ofreciendo los medios intelectuales, jurídicos y oratorios para hacer que triunfe. Afianza, además, las almas y los caracteres para sobrellevar este combate.
51. Hahasiah (26-30 noviembre): ilumina sobre los misterios de la naturaleza, con la cual se puede ayudar, cuidar y curar a los otros. Todo ello siempre bajo un estado puro de amor, altruismo y compasión.
52. Imamiah (1-5 diciembre): afianza las almas, los espíritus y las conciencias en todas las pruebas de la vida cotidiana. Inspira sentimientos hacia el prójimo y protege, además, en todos los desplazamientos y viajes.
53. Nanael (6-10 diciembre): ayuda a todos los defensores de la justicia en sus estudios, investigaciones y reflexiones para favorecer el triunfo de la equidad. Inspira los buenos juicios y dispensa coraje, tolerancia y perseverancia.
54. Nithael (11-15 diciembre): favorece el equilibrio personal y la armonía con el otro. Ayuda a superar los momentos difíciles y a escalar socialmente gracias a la calidad del trabajo.
55. Mebahiah (16-20 diciembre): insufla fuerza, coraje y determinación para llevar a cabo las más nobles ambiciones, tanto en la vida personal como en la social y profesional, siguiendo un espíritu de caridad constante. Protege, también, el equilibrio y la armonía familiar.
56. Poyel (21-25 diciembre): vela por nuestra rectitud y bienestar —tanto espiritual como físico y mental— de nuestras perso-

nas cercanas y empresas. También cuida de los benefactores del amor universal.

Los arcángeles

57. Nemamiah (26-30 diciembre): enseña las virtudes de la generosidad y de la grandeza del alma velando por nuestro equilibrio y nuestra salud. Desarrolla igualmente nuestra inteligencia para llevar a cabo proyectos más altruistas. Finalmente protege a aquellos con responsabilidades sociales o políticas.

58. Yeyalel (31 diciembre-4 enero): afianza el alma, el espíritu y el cuerpo en los momentos de dolor o de adversidad, desarrollando nuestra comprensión de los seres y de las cosas para permitirnos triunfar en nuestras empresas y ayudar mejor a nuestro prójimo.

59. Harael (5-9 enero): afianza la inteligencia y desarrolla las capacidades de aprendizaje con honestidad, sabiduría, paciencia y perseverancia, cualidades todas útiles para el éxito de los proyectos nobles.

60. Mitzrael (10-14 enero): favorece el éxito en las diferentes esferas de la vida profesional ofreciendo los medios espirituales, intelectuales y prácticos para obtener el mejor resultado. Cura a los enfermos de orden neurológico o psíquico.

61. Umabel (15-19 enero): desarrolla la sensibilidad y la inteligencia, favoreciendo a la vez las relaciones armoniosas con el otro y el estudio de las ciencias exactas. Protege los grandes amores.

62. Iahel (20-24 enero): favorece la meditación y la contemplación necesarias para el compromiso más profundo en la vida espiritual. Enseña también los secretos de la armonía y la paz universal.

63. Anauel (25-29 enero): estimula la fe sin olvidarse de las contingencias humanas. Vela por el equilibrio y la armonía protegiendo de los accidentes y las enfermedades. Finalmente da coraje y perseverancia en la realización de proyectos profesionales.

64. Mehiel (30 enero-3 febrero): desarrolla la comunicación oral y escrita, y ayuda en todas las obras de enseñanza, sin importar la materia. Protege, asimismo, de las influencias nefastas.

Los ángeles

65. Damabiah (4-8 febrero): estimula las virtudes de la sabiduría, la bondad y el amor ofreciendo los medios para luchar contra los «demonios interiores». Incita también a compartir. Finalmente, protege a los marineros y viajantes.

66. Manakel (9-13 febrero): ayuda al hombre en su vida personal, social y profesional permitiéndole explorar y desarrollar lo mejor de sus capacidades personales. Protege, además, de la cólera divina, las enfermedades y otros accidentes.

67. Eyael (14-18 febrero): estimula la alegría de la vida espiritual y el autoperfeccionamiento ayudándonos en diversas pruebas. Nos aporta la serenidad propia de la meditación.

68. Habuhiah (19-23 febrero): nos empuja a actuar con nuestras mejores capacidades en todos los momentos de la vida cotidiana, asegurando constancia y determinación. Vela especialmente por aquellos que trabajan en el ámbito de la agricultura y la enseñanza. Protege la salud de los niños.

69. Rochel (24-28 febrero): ofrece clarividencia y lucidez a todos aquellos que, ocasional o profesionalmente, están destinados a hacer triunfar la justicia. Ayuda a establecer una perfecta armonía entre los bienes materiales y la riqueza espiritual.

70. Jabamiam (1-5 marzo): confiere a cada uno los medios para triunfar en su vida profesional, sin importar el sector o la actividad. Incita a compartir con generosidad a través de un verdadero camino espiritual y protege de las heridas y las enfermedades.

71. Haiayel (6-10 marzo): protege en todos los momentos dando fuerza y coraje para afrontar las pruebas cotidianas, distinguiendo claramente entre el bien y el mal. Favorece el establecimiento de la paz a todos los niveles.

72. Mumiah (11-16 marzo): favorece una plena autorrealización en la vida personal, social y profesional, y protege la salud física y mental. Estimula igualmente la vida espiritual gracias al intercambio, la generosidad y la solidaridad.

¿Se puede rezar directamente a los ángeles?

Contrariamente a lo que nos enseñan las Escrituras —la Biblia, el Antiguo y Nuevo Testamento (textos paulinos y epístolas principalmente)—, los ángeles de la cábala pueden ser objeto de plegarias. En la gran tradición esotérica, sería incluso posible entrar en contacto con ellos. Para hacerlo, existe un vasto arsenal de rituales, cuyas herramientas son los colores, las velas o los perfumes, junto con evocaciones específicas.

En la práctica, el ritual se desarrolla de manera casi invariable, sin importar el ente elegido, a través de una llamada nominativa del ángel, la recitación de salmos específicos, invocaciones y rituales propiamente dichos... Todo lo anterior se refuerza por:

— La visualización del color asociado a la categoría a la cual pertenece el ente celestial: oro para los serafines, plata para los

Los ángeles en la expresión oral

El idioma tiene muchas expresiones relacionadas con los ángeles: un *angelote*, una persona muy sencilla y apacible; *tener mucho ángel*, gozar de gracia, simpatía y encanto; se dice que *ha pasado un ángel* cuando en una conversación se produce un silencio; un *angelito* es un niño de muy tierna edad; *soñar con los angelitos* es dormir apaciblemente; el *agua de ángeles* es agua perfumada con el aroma de flores de varias clases; el *cabello de ángel* es un dulce que se hace con la parte fibrosa de la cidra cayote y almíbar; *flor de ángel*, narciso amarillo; *manga de ángel*, bata de mujer que tenía vuelos grandes; *manjar de ángeles*, plato hecho de leche y azúcar; *piel de ángel*, tela de seda menos rígida y con menos brillos que el raso; *salto del ángel*, salto que se realiza desde gran altura con los brazos en cruz; *sonrisa angelical*, sonrisa bondadosa y encantadora; *discutir sobre el sexo de los ángeles* significa tener discusiones interminables y complicadas; *ángel financiero*, persona que invierte capital de riesgo en una empresa, en la que participa como accionista y asesor...

Por otro lado, el lenguaje también está plagado de expresiones diabólicas. Se dice de alguien que es un *diablo cojuelo* cuando es una persona liante y traviesa; el *diablo encarnado*, una persona perversa y maligna; un *diablo predicador*, aquella persona que, aunque tiene costumbres escandalosas, pretende dar buenos consejos; un *pobre diablo*, un hombre de poca valía; en América la expresión *diablos azules* se refiere al delírium trémens; *andar el diablo en Cantillana* significa haber turbaciones o inquietudes en alguna parte; *andar el diablo suelto*, haber disturbios en un pueblo o comunidad, o entre varias personas; *armarse una de todos los diablos*, suceder un gran alboroto, difícil de apaciguar; *las armas las carga el diablo* posee un significado obvio; *tener el diablo en el cuerpo*, ser muy astuto o revoltoso; *abogado del diablo*, defensor de causas discutibles; *caballito del diablo*, insecto con cuatro alas estrechas un poco más pequeño que la libélula; *humor de mil diablos*, muy mal humor; *patín del diablo*, patinete en México; *el*

(Continúa)

> *demonio de los celos*, en referencia a una obsesión persistente; *correr como el alma que lleva el diablo*, a más no poder; *tener miedo a algo como el diablo a la cruz*, *un frío de mil demonios*...
> 	También existen un número enorme de dichos y expresiones donde se utilizan los conceptos de ángel y diablo: «El café debe ser caliente como el infierno, negro como el diablo, puro como un ángel y dulce como el amor»; «Dios manda la carne y el diablo a los cocineros»; «El diablo donde no puede meter la cabeza mete el rabo»; «Un diablo bien vestido por un ángel es tenido»; «Más sabe el diablo por viejo que por diablo»; «La capa del diablo, lo que por un lado tapa, por otro destapa»; «El diablo abre la puerta, y el vicio la mantiene abierta»; «El que no agradece, al diablo se parece»; «¡Cómo estará el infierno para que el diablo dé limosna!»; «A quien Dios no le dio hijos, el diablo le da sobrinos»; «Cuando el diablo no tiene nada que hacer mata moscas con el rabo»; «Cuando toma cuerpo el diablo, se disfraza de fraile o de abogado»...

querubines, índigo para los tronos, azul para las dominaciones, rojo para las potestades, naranja para las virtudes, amarillo para los principados, violeta para los arcángeles y verde para los ángeles.

— El hecho de encender una vela o un cirio, cuyo color esté determinado por el cuerpo al que pertenece el ángel invocado (el cual no tiene que ser obligatoriamente idéntico a aquel que se visualiza): blanco para los serafines, azul oscuro para los querubines, gris o negro para los tronos, azul celeste para las dominaciones, rojo para las potestades, amarillo para las virtudes, verde para los principados, verde, azul o amarillo para los arcángeles y blanco para los ángeles.

— La selección del perfume viene igualmente condicionada por el cuerpo al que pertenezcan los entes invocados. Y es aquí donde las cosas se complican, ya que los ingredientes utilizados para confeccionar los siguientes aromas —benjuí, mirra, sándalo, resina olorosa, etc.— no son muy comunes, y las normas de preparación, que se deben respetar en proporciones muy estrictas, no son demasiado fáciles de seguir.

Aunque la devoción espiritual no está alejada de estas prácticas, pese a que se equivoca en su búsqueda de pruebas, no se puede simplificar con evidencias. Es más, la preponderancia de un ritual funcional, de inspiración puramente mágica, parece llevarnos la mayoría de las veces a ese camino que pasa de la primera invocación a la convocatoria. Por eso, se puede dudar legítimamente de que los ángeles —sirvientes, soldados y mensajeros exclusivos de Dios— se dejen seducir por estas prácticas.

Los ángeles y la espiritualidad

Oraciones y meditación

Se debe saber que, cuando pedimos ayuda a los ángeles y apelamos a su sabiduría, estamos hablando a mensajeros que transmiten nuestras plegarias a Dios y que, en respuesta, nos comunicarán las respuestas del Ser Supremo. En un momento u otro nos plantearemos la cuestión de saber si hemos conseguido establecer contacto con los ángeles —porque, no lo olvidemos, la «respuesta» que esperamos no será inmediata, sino que tendremos que armarnos de paciencia y esperar un signo—, pero cuando notemos este intenso sentimiento de estar rodeados por una energía poderosa y protectora, de estar envueltos por un aura de dulzura, amor y compasión, entonces sabremos a ciencia cierta que los ángeles se encuentran con nosotros.

Cómo prepararse para la comunicación

Dios envía los ángeles hacia nosotros, según su voluntad. Nuestro solo deseo no basta para invocarlos, puesto que Dios elige el momento en que los ángeles se manifestarán, el lugar donde lo harán y cómo se darán a conocer.

Al principio, entrar en contacto con los ángeles puede parecer irrealizable, pero como nos rodean con una presencia atenta y

ODA A MI ÁNGEL

Oh mi ángel que velas por mí,
aleja de mí los tormentos,
concédeme alegrías,
no me dejes ser malvado.
Perdóname mis errores.

Oh mi ángel que velas por mí,
si oyes mi voz,
haz que bajo mi techo,
la felicidad entre a veces.
Perdóname mis errores.

Oh mi ángel que velas por mí,
apiádate de mí,
tú, mi ángel de la guarda,
vela por mis cosas de cada día.
Perdóname mis errores.

Oh mi ángel que velas por mí,
te honro y te doy las gracias,
por haberme escuchado
y haber sabido guiarme.
Perdóname mis errores.

Oración de la mañana

Mientras el astro del día derrame su fuego,
tú serás para mí, oh ángel entre los ángeles,
fuente de vida y objeto de mis plegarias más altas.
Sólo de ti emana mi fuerza,
oh dulce mensajero de Dios.

permanente, y siempre están dispuestos a guiarnos, necesitamos aprender a dejarnos llevar hacia ellos.

Es indispensable que abramos en nosotros una vía de receptividad a su amor y a su bondad y, en este camino de espiritualidad que vamos a emprender, tenemos que rechazar todo el peso de nuestras culpabilidades, rencores, malos humores y pesares. Debemos liberar nuestro espíritu para poder avanzar hacia la luz y entrar en comunicación con los ángeles.

Las primeras veces puede parecer difícil hacer en solitario este trabajo de búsqueda espiritual, pero es fundamental no inquietarse en absoluto y superar las dificultades del inicio empezando una y otra vez hasta encontrar una manera personal de comunicarse, sin perder de vista que hay que manifestar siempre un respeto infinito por los ángeles. Estos no son genios que salgan de una lámpara para satisfacer nuestros deseos, pequeños o grandes, ni hadas que se inclinen sobre la cuna de nuestras pequeñas vidas para hacer realidad nuestros sueños con un toque de varita mágica.

Para lograr comunicarse más fácilmente con los ángeles, primero intentaremos elegir una imagen ideal que podemos obtener gracias a alguna de las representaciones que se ha hecho de ellos en el pasado; por ejemplo, en el arte del Renacimiento, aunque también podemos elegir una imagen más abstracta y considerar nuestro ángel como una divinidad que sólo pueden percibir los espíritus abiertos. En esta elección nos dejaremos guiar sólo por la intuición, ya que esto concierne únicamente a nuestras propias imágenes mentales, en las que nadie puede interferir.

Preparemos en el hogar un lugar de receptividad espiritual donde nos sintamos cómodos. Según nos convenga, este espacio puede carecer de adornos o bien puede estar decorado con objetos de nuestro agrado, sean cuales sean. Colocaremos allí velas de colores y perfumadas. El lugar debe estar en silencio o con música suave y relajante, que nos transporte de forma especial. Hemos de impedir la entrada de personas en este lugar durante la comunicación, para que nadie pueda molestarnos; también debemos elegir el momento del día o de la noche más propicio para entrar en contacto con los ángeles. La elección de este momento es muy importante y depende de nuestra vida personal y laboral; intentaremos respetar el mismo horario en las siguientes sesiones de meditación. Este momento se convertirá en el instante en que abriremos las barreras mentales y nuestro espíritu estará más receptivo a la llegada de los ángeles.

«Los ángeles guardianes de la vida vuelan suficientemente alto para que podamos verlos, pero miran hacia nosotros, que estamos abajo».

Jean Paul Richter (1763-1825)

Cada persona acaba encontrando su método para esta preparación psicológica y espiritual, pero podemos dar algunos consejos de eficacia probada para vencer los obstáculos mentales que erigimos todos sin pensarlo; poco a poco, nos sentiremos liberados del peso de nuestras angustias, dudas, sufrimientos, pensamientos negativos y preguntas.

Si realizamos este «trabajo» en nosotros y en nuestro alrededor podremos entrar serenamente en contacto con los ángeles.

En primer lugar, tendremos que apartar la duda de nosotros, que nos preocupa y hace que a veces nos hagamos preguntas como: «¿Qué hago yo aquí? ¿Para qué sirve todo esto? ¿Existen los ángeles de verdad?». Si somos sinceros en nuestra búsqueda, si nuestro deseo de encuentro es fuerte y puro, la duda se alejará por sí sola de nuestro pensamiento.

En cuanto a las expectativas acerca de qué pueden aportarnos los ángeles o qué podemos pedirles, debemos tener paciencia, ya que ellos transmiten nuestros deseos, pero Dios es el único que puede responder. Y la manera y el momento que Él elegirá para hacerlo son imprevisibles.

También deberemos añadir la paciencia a la lista de nuestras cualidades porque, a diferencia de nosotros, los ángeles están fuera del tiempo. Cuando nos preparamos para contactar con ellos, debemos deshacernos de todo aquello que pueda indicar el tiempo (reloj, despertador...) y elegir un momento del día o de la noche en que nadie nos moleste. Conviene estar preparado para no frustrarse por no sentir la presencia de los ángeles en las primeras tentativas, pero no debemos desanimarnos: si abrimos el espíritu y el corazón, nuestra receptividad aumentará.

Por lo que respecta a los pensamientos negativos que nos asalten, —el egoísmo, los celos, la envidia, la maldad y otros tantos defectos— como humanos que somos, es importante expulsarlos de nuestro espíritu. Intentaremos visualizarlos como si fueran objetos que de pronto ocuparan demasiado espacio y lanzarlos con energía y decisión fuera de nuestro espacio mental. De este modo, el espíritu liberado podrá alcanzar la plenitud y mostrar a los ángeles el ser inocente y puro que realmente somos, que es el que van a querer y poder encontrar.

Olvidemos los sufrimientos, físicos o afectivos, que invaden nuestro espacio mental y corporal, y que muy a menudo son los que generan el deseo de comunicarse con los ángeles. Un consejo: visualicemos mentalmente un lugar que denominaremos *espacio de paz* y en el que penetraremos, dejando los sufrimientos en un cuarto trasero cuya puerta cerraremos y cuya llave tiraremos.

Una vez eliminados estos obstáculos y preparado en nuestro espíritu y corazón un espacio virgen para recibir a los ángeles, dejémonos ir... No tiene por qué ser fácil, ya que estamos acostumbrados a comportarnos de acuerdo con un conjunto de reglas que nos condicionan por todos lados e, inconscientemente, dejarse ir significa para nosotros sumergirnos en un caos mental y de comportamiento. En este momento debemos imaginar una luz en nuestro espíritu, la cual nos mostrará un camino que seguiremos sin volver la cabeza atrás, con total confianza. En este camino encontraremos a nuestro ángel: él tomará la mano que le tendemos, el corazón libre y confiado que le abrimos, el alma liberada que le ofrecemos.

Los ángeles nunca emitirán ningún juicio acerca de las motivaciones personales que nos han inducido a llamarlos, y nuestras peticiones recibirán siempre una respuesta, aunque no sea la que esperábamos. Como ya hemos explicado, los ángeles viven fuera del tiempo, es decir, que este no tiene ninguna influencia en ellos, que son los servidores del Ser supremo, que envía respuestas cuando le parece bien.

Una vez hayamos entrado en la meditación, cuando sintamos —por un calor y una luz interiores— que el momento del contacto se acerca, llamaremos dulcemente por su nombre a nuestro ángel, aquel que hayamos elegido en la miríada de seres. La intensidad de nuestra voz aumentará la fuerza de la llamada y poco importa si al principio nos sentimos incómodos con este proceder. Ya nos acostumbraremos; dejémonos llevar sin retención. ¡No olvidemos que nadie nos juzgará por ello!

Sepamos también que hay tantas maneras de llegar a un estado de meditación como personas que meditan. Debemos encontrar nuestro propio método de relajación y de concentración. Esta será nuestra manera de meditar, y nos pertenecerá a nosotros de manera exclusiva.

Es importante que estemos cómodos, sentados confortablemente en el suelo o en una silla, o de pie, no importa cómo. No olvidimos que una posición incómoda nos hará que perdamos la concentración.

Algunos de los que elijan sentarse en una silla tendrán necesidad de apoyar los pies descalzos en el suelo. En general, para todos es aconsejable consultar las técnicas de respiración y relajación utilizadas en el yoga, que serán muy útiles. Esta gimnasia espiritual presenta algunas dificultades al principio —inevitablemente tendremos que practicarlas antes de dominarlas—, pero pronto se convertirá en algo indispensable por sus beneficios en el espíritu, el alma y el cuerpo, y se integrará para siempre en nuestra vida.

«Encontraremos la paz. Oiremos a los ángeles, veremos el cielo centelleante de diamantes».

Anton Chéjov (1860-1904)

Aprenderemos a aprovechar los elementos de la vida cotidiana siguiendo los consejos que daremos posteriormente. El lector hallará consejos para reencontrar la fuerza y la plenitud con una higiene de vida muy simple y con unas recetas equilibradas basadas sobre todo en las plantas, las frutas y las verduras, que nos ayudarán a conservar un cuerpo sano. También encontrará consejos que le ayudarán a descubrir el camino del bienestar espiritual y el placer de vivir con los demás, a través del constante replanteamiento y la abertura hacia el otro. Además, también hallará advertencias para conseguir la armonía del cuerpo, que tiene que respirar y moverse mejor de como lo hace actualmente. En definitiva, una serie de consejos para reunir en el alma y en el cuerpo todo aquello que nos convertirá en un ser profundo y hondamente feliz.

> «El segundo es aquel que preside todo el sufrimiento y todas las heridas de los hijos de los hombres, San Rafael».
> *Primer Libro de Enoc*, 40, 9

Preparación para la meditación en seis puntos

De la misma manera que un deportista calienta sus músculos para los ejercicios que está a punto de realizar, nosotros también tenemos que preparar nuestro cuerpo y mente para que la meditación se lleve a cabo con éxito. Para ello, hay que seguir los puntos siguientes:

1. Nos sentamos cómodamente en un lugar que hayamos elegido y preparado, en el suelo o en un asiento, con los pies planos y las manos relajadas sobre las rodillas.
2. Cerramos los ojos. Respiramos profunda y lentamente, notando cómo el diafragma sube y baja con suavidad. Espiramos tranquilamente, y en cada espiración notaremos cómo nos vamos sumergiendo en un estado de calma.
3. Concentrémonos en el cuerpo, empezando por la cabeza, el cuello, los hombros, y llegando hasta los dedos de los pies. Procuremos relajar la tensión muscular y articular, mientras continuamos respirando lentamente.
4. Ahora toca apaciguar el espíritu; creemos una imagen mental en la que nos concentraremos (la representación de un ángel, una vela, la luz suave de una lámpara...) siempre respirando lentamente. Aparecerán pensamientos parásitos, poco importantes; dejémoslos pasar sin darles importancia y volvamos de nuevo a nuestro punto de concentración.

5. Nuestro corazón también nos ayudará a concentrarnos, y podremos dirigirnos a nuestro ángel, pedirle que se acerque a nosotros, formularle la o las preguntas que nos preocupan, solicitarle ayuda.

6. Hemos llegado al término de la comunicación. No olvidemos agradecer a nuestro ángel que nos haya escuchado y, en su caso, nos haya dado consejos, si estos son inmediatos, mediante una oración como las que presentamos en este capítulo o una plegaria creada por nosotros mismos. Lo importante es la sinceridad.

Rezar por la intercesión de los ángeles

Si las invocaciones dirigidas directamente a los ángeles se asimilan, ya sea de cerca, ya sea de lejos, a una forma de politeísmo larvado, las oraciones dirigidas a Dios para solicitarle la ayuda de Sus servidores constituyen un paso enormemente aceptable. Lo estipulan además muchos párrafos tanto del cristianismo como del islam.

Los Padres de la Iglesia —y, junto a ellos, los pensadores y demás criaturas— así lo entendieron y no dejaron de remitir al «orador» a Dios, subrayando el importante papel que pueden tener las entidades celestes en la vida terrestre de los hombres. En ese punto de vista se sitúa particularmente el cristianismo, al considerar que, tras la encarnación de Dios en la persona de Jesucristo, la relación entre el hombre y la divinidad no debe pasar de ninguna manera por seres mediadores, por muy santos que estos mediadores sean.

Sin embargo, no está prohibido —al contrario, a veces incluso se alienta— solicitar la intercesión de los ángeles para afianzarse espiritualmente en el camino que conduce hasta Dios. En ese caso, el «orador» se dirige directamente a Dios, solicitándole que intervenga a través de Sus servidores celestes. El matiz es importante.

En esta línea se sitúan los ejemplos que presentamos a continuación, extraídos de distintos autores que los han escrito a lo largo de la historia.

Oraciones a los ángeles

Oración para la protección de las fuerzas oscuras (medieval)

Señor,
envía a todos los santos ángeles y arcángeles.
Envía al santo arcángel Miguel,
al santo Gabriel, al santo Rafael,
para que estén presentes, defiendan
y protejan a Tu servidor,
Tú que los modelaste, a quien les diste un alma
y por el que te dignaste a derramar Tu sangre.
Ellos lo protegen,
lo iluminan cuando está despierto o cuando dormita,
lo calman y le dan confianza
frente a las manifestaciones diabólicas:
que ningún ser dotado de malvado poder
pueda entrar un día en él,
ose ofender o herir su alma,
su cuerpo, su espíritu,
aterrarlo o incitarlo a la tentación.

Particularmente orientada a la intervención protectora de los tres arcángeles de la Biblia, esta oración llama a Dios para que conforte Sus ejércitos celestes en la protección —de cuerpo y alma— de Sus criaturas terrestres. Los ángeles se solicitan aquí sólo como servidores de Dios, y la demanda de asistencia que se les dirige se refiere a sus poderes como intermediarios de Dios, que es quien realmente obra.

Oración de la Iglesia anglicana

Oh Señor Dios eterno,
que mandaste y formaste el servicio de los ángeles

y de los hombres en un orden maravilloso;
haz que, como los santos ángeles Te sirven siempre en el Cielo,
puedan en Tu nombre ayudarnos
y defendernos en la Tierra.
Por Jesucristo, Nuestro Señor.
Amén.

El recurso directo a Dios está particularmente latente en esta oración, que invita a extender Su amor y Sus beneficios por la acción de los ángeles sometidos a Su voluntad.

Oración al ángel de la guarda (siglo XIX)

Oh ángel santo, que Dios, por efecto de Su Bondad sobre mí,
te ha encargado de mi conducta, tú que me asistes en mis aflicciones,
que me sostienes en mis desánimos, y que me obtienes sin cesar nuevos favores,
te honro con humildes acciones de gracia, y te conjuro, amable protector,
para que continúes tus caritativos cuidados,
me defiendas de todos mis enemigos,
alejes de mí las ocasiones del pecado,
consigas que sea dócil para escuchar tus inspiraciones y fiel para seguirlas,
me protejas a la hora de la muerte,
y me abandones sólo cuando me hayas conducido al descanso eterno.
Amén.

Elaborada a finales del siglo XIX, en una época en que el ángel de la guarda ocupaba un lugar importante en el catecismo, esta oración recupera la gran tradición protectora atribuida a las entidades celestes, en general, y a los ángeles de la guarda, en particular. Formaba parte de una recopilación de textos (oraciones y meditaciones) ideada para acompañar al cristiano en su vida cotidiana, y el día de su recitación era el martes. Se observa, además, que esta oración está compuesta por una sola y única frase que reúne a Dios, el ángel y el hombre, restituyendo de esta forma el espíritu de alianza propio del cristianismo.

Oraciones litúrgicas

Oh, Dios, que llamas a los ángeles y a los hombres a trabajar en tu designio de salvación, a nosotros que somos los peregrinos de la tierra, concede la protección de los beatos y bienaventurados espíritus que se encuentran contigo en el cielo y contemplan la gloria de tu rostro. Por Jesucristo nuestro Señor.

Proclamamos, Señor, Tu gloria, que resplandece en los ángeles y arcángeles; honrando a Tus mensajeros, alabamos Tu infinita bondad; por los espíritus bienaventurados, nos revelas cuán grande y amable eres por encima de todas las criaturas. Por Jesucristo nuestro Señor.

Oh Dios, que en tu misteriosa Providencia envías del cielo a Tus ángeles para que nos custodien y protejan, haz que en el camino de la vida podamos ser apoyados por su ayuda y lograr con ellos la alegría eterna. Por Jesucristo nuestro Señor.

Visita, Señor, nuestra morada y aleja las trampas del enemigo infernal; que Tus ángeles santos nos protejan en la paz y que esté siempre con nosotros tu bendición. Por Jesucristo nuestro Señor.

Himno de maitines y vísperas para la celebración del día de los ángeles de la guarda, el 2 de octubre

Cantamos a los ángeles de la guarda de los hombres,
que el Padre del cielo
convirtió en compañeros de nuestra frágil naturaleza,
por miedo a que sucumbiera a las trampas de los enemigos.

En efecto, porque cayó el ángel de la traición,
justamente expulsado de los honores,
se esfuerza con violentos celos por expulsar
a aquellos a los que Dios llama al cielo.

Hacia nosotros pues, oh custodios, volad con vigilancia,
alejaos del país que os ha sido confiado,
también de las enfermedades del alma
y de todo lo que se opone al descanso de sus habitantes.

Piadosa alabanza, sin cesar, sea la Santa Tríada,
a cuyo poder dirige continuamente
el triple edificio de este mundo,
y cuya gloria reina en todos los siglos.
Amén.

En este himno, el ángel de la guarda es invocado no sólo para reforzar el compromiso espiritual del que tiene a su cargo, sino también para aportarle los indispensables beneficios —medios para luchar victoriosamente contra las tentaciones del demonio, el alejamiento de los males y enfermedades del cuerpo y el espíritu, etc.— para que pruebe la felicidad y la paz de Dios. Se observa además la relación explícita instituida entre la tríada de arcángeles (Gabriel, Miguel, Rafael) y la Tríada divina (Padre, Hijo y Espíritu Santo).

Oraciones del misal para la celebración del día de los ángeles de la guarda, el 2 de octubre

Oh, Dios, que en Tu inefable Providencia te dignas a encargar a Tus santos ángeles de nuestra custodia, concede a los que te suplican ser siempre defendidos por su protección y gozar de su compañía en la eternidad. Por Cristo, Nuestro Señor.

Oficios de los santos ángeles de la guarda (maitines y laudes)

Abre, mi Dios, mi boca en favor de los santos ángeles.
Alzaremos nuestras voces cantando Tus alabanzas.

Ven a mi socorro, mi Dios, mi Creador.
Abraza con Tu fuego mi espíritu y mi corazón.
Que la gloria, gran Dios, que te es siempre debida,
te sea, como nunca, presentemente rendida.

(himno)
Ángeles santos, a quien Dios encarga nuestra custodia,
que servís a los mortales de asilo y amparo,
ayudadnos con fuerza, y resistid,
por un esfuerzo contrario al del demonio.

(antífona)
Santos ángeles, nuestros amables guardianes, combatid en nuestro favor,
por miedo a que seamos condenados en el Juicio de Dios.
Cantaré Tus grandezas en presencia de Tus ángeles, mi Dios:
te adoraré en Tu templo, y bendeciré Tu santo Nombre.

(oración)
Mi Dios, que por Tu inefable Providencia te dignas a enviar a tus ángeles para guardarnos, concédenos la gracia de estar siempre bajo su protección, y de bendecirte en el cielo con ellos: por los méritos de Nuestro Señor Jesucristo Tu hijo, que vive y reina contigo en la unidad del Santo Espíritu, por los siglos de los siglos. Amén.

De factura bastante antigua, estas distintas oraciones, pronunciadas durante el oficio de la celebración de los ángeles de la guarda, son muy musicales, como era habitual antiguamente. Ese modo, sin duda, de utilizar la música de la frase buscaba restituir la armonía con las criaturas superiores de Dios, custodios a los ojos del creyente de la perfección del universo divino.

Oraciones para la intercesión de los ángeles

Nuestro ángel, protector y aliado,
acoge y transforma nuestros pensamientos de amor.
Abre las puertas entre tu mundo de luz

y nuestro mundo de niebla.
Guía nuestros pasos por el puente que nos une
y que este puente sea largo y seguro.
Acerca a tus hermanos a nosotros
para que escuchen nuestra llamada.
Aleja la niebla de la materia
para que vean nuestras ansias de amor
y nuestro puro corazón.
Dejad las puertas abiertas, para que, cuando os invoque,
pueda sentiros cerca.
Con vuestra ayuda,
que nos sea dado proteger, consolar, sanar.
Que podamos ayudar al que sufre
en su cuerpo y en su espíritu.
Vuestra presencia como guía extiende nuestro conocimiento,
porque conocer es servir.

El ángel, considerado como un guía espiritual mucho más convincente, ya que está plenamente animado por el amor y mansedumbre a la divinidad a la que sirve, es invocado aquí como un verdadero «compañero» cuya pureza sirve de modelo al creyente.

Oración de la Iglesia católica al ángel de la guarda

Ángel de Dios,
que eres mi guardián,
ilumina, guarda,
sosténme y gobiérname,
a mí que te he sido confiado.
Por la piedad celeste.
Amén.

Una vez más, la solicitud que se dirige al ángel de la guarda le es formulada sólo en virtud de la misión que le ha sido confiada por la divinidad. No es pues el ángel propiamente dicho el que es solicitado en esta oración, sino su función, que sólo existe en virtud del deseo de Dios.

El culto a los ángeles de la guarda

La aparición de un culto específico a los ángeles de la guarda cuenta sólo con cinco siglos. En efecto, en esa época fue cuando François d'Estaing, obispo de Rodez, asentó las bases de una celebración oficial (él propuso en ese momento la fecha del 1 de marzo; actualmente está fijada el 2 de octubre). El papa León X suscribió su demanda y oficializó la fiesta promulgando una bula de la que hemos extraído a continuación el pasaje más significativo.

Bula «Admonet nos» del papa León X (18 de abril de 1518)

«[...] En el nuevo calendario, él [François d'Estaing] añadió la fiesta del propio ángel de cada fiel, fijándola el día 1 de marzo, y prescribió la recitación y la observación para cada año del mismo día, desde las primeras vísperas, incluida la misa solemne, de un oficio especial compuesto y editado por los cuidados de su querido hijo, Jean Colombi, obispo de Troie, de la orden de los Hermanos Menores y profesor de Teología, así como se narra a lo largo de las auténticas piezas reunidas y encuadernadas.

»Por ese motivo, por parte del propio François, obispo, hemos suplicado humildemente que se digne, por un favor de nuestra benevolencia apostólica, para darle un valor más firme, añadir a esas reducciones, reforma, edición, institución, cartas y escritos, la fuerza de nuestra confirmación apostólica. Nosotros, pues [...], tras aprobar expresamente todas las cartas y escritos redactados sobre el tema, otorgando gozosamente esas súplicas, de nuestra autoridad apostólica y por el contenido de los presentes, aprobamos y confirmamos la reforma, el cambio, la adición y la institución de la fiesta y del oficio del ángel propio, así como todos y cada uno de los puntos contenidos en estas cartas y escritos, y añadimos la garantía de un perpetuo valor [...].

»Que no se permita por tanto a nadie ir contra nuestras presentes absolución, aprobación, confirmación y adición, etc.

»Dado en Roma, en San Pedro, el año de la Encarnación del Señor de 1518, la víspera de los idus de abril, el sexto de nuestro pontificado».

Tras esto, el obispo François d'Estaing pudo inscribir oficialmente la fiesta del ángel de la guarda en el canon litúrgico. He aquí su texto:

«Tal es la dignidad de nuestras almas que cada hombre desde el primer momento de su nacimiento recibe a un ángel delegado para su custodia, y así la naturaleza humana, que por sus faltas había perdido el derecho a la felicidad eterna, se encuentra bajo la tutela de los santos ángeles y llega, gracias a su socorro, al reino eterno. Movido por esas consideraciones, hemos encontrado conveniente y necesario no limitar nuestros homenajes al Divino Todopoderoso que rige este mundo, a la Virgen María, madre de Dios, sino dirigirlos también a Sus fieles servidores los ángeles, que se alegran de nuestra conversión y la celebran con días de fiesta, dice el Santo Evangelio, pero sobre todo a los muy santos espíritus que sabemos encargados de nuestra custodia, que velan por nosotros durante nuestro sueño, nos asisten en nuestra oración, nos defienden en la tierra y en el mar, purifican nuestro espíritu y nuestro cuerpo, nos provocan a la virtud, elevan nuestros pensamientos a Dios, nos consuelan en nuestras penas y pruebas, cuando estamos bajo la opresión de la enfermedad y de la muerte próxima, nos visitan, nos fortifican, nos defienden contra el espíritu del mal, y tras darnos la victoria, nos acompañan al cielo o al purgatorio. Sin ese recurso providencial, la imperfección humana no podría estar segura. Por eso queremos honrar con una fiesta solemne, una tierna devoción y sacrificios, a aquellos de los que se sirve el Dios todopoderoso para ejecutar sus voluntades. Tras instituir, antaño, cuando nos ocupábamos de la reforma del calendario, la fiesta del ángel y haber obtenido con ella la confirmación apostólica, persiguiendo hoy aquella piadosa empresa, queremos, de acuerdo con nuestro capítulo, que este oficio sea canónico; será llevado con este título sobre la mesa del coro y todos los años será celebrado con archidiáconos, o el chantre, o el sacristán o el párroco, o uno de los canónigos».

Una misa inauguró esta devoción el 3 de junio de 1526. Debe señalarse que el obispo François d'Estaing dedicó una capilla consagrada al ángel de la guarda en la catedral de Rodez. Sin embargo, habría que esperar al Concilio de Reims (1853) para que el culto dedicado a los ángeles de la guarda fuera universal y definitivamente oficializado, y que fuera determinada la fecha del 2 de octubre.

Otras citas papales

Pío VI (1717-1799)

«Respetados Hermanos, salvación y bendición apostólica. Dios, el Padre de las misericordias, entre las sorprendentes e incontables marcas que nos dio su infinita bondad, manifestó sobre todo Su inmensa caridad hacia el género humano, cuando, considerando nuestra extrema debilidad, encargó a Sus ángeles cuidarse de nosotros en todos nuestros pasos; llevarnos incluso en sus manos, por miedo a que tropezáramos con el pie contra una piedra; ser nuestros defensores en todos los combates, con el fin de que no nos convirtiéramos en tristes víctimas. Nosotros, pues, para procurar la salvación de las almas que nos han sido confiadas, y para alabar y aumentar la veneración y el amor de los fieles por sus santos ángeles, el respeto que deben tener por su presencia, su devoción por su benevolencia, y su confianza por el cuidado que tienen de nosotros, animados por una caridad paternal, abrimos el tesoro de esos dones celestes cuya distribución nos es confiada, con el fin de infundir fervorosamente a los cristianos la devoción por esos mismos ángeles de la guarda [...].

»Por ello, respetados Hermanos nuestros, oramos y exhortamos al Señor, para que prescriba a todos los superiores de las iglesias, tanto catedrales como parroquias, que instruyan ellos mismos, o que hagan instruir por los demás, a todos los fieles a su cuidado, sobre la devoción que deben a sus ángeles de la guarda, encargados de sostener y de fortificar nuestra debilidad, con el fin de lograr la victoria en todas las luchas de la vida; conservar la fe y adquirir la corona de la justicia; animar a recitar la oración: ángel de Dios que eres mi guardián, tú a quien la divina bondad me confió, ilumíname hoy, custódiame, dirígeme, protégeme. Amén.

»Por último, respetados hermanos, os recordamos a todos la efusión de nuestro corazón, nuestra bendición apostólica.

»Dado en Roma, en Santa María la Mayor, bajo el año del pecador, el 20 de setiembre del año 1796, y el vigésimo segundo de nuestro pontificado».

Pío XI (1857-1939)
(discurso a unos niños, 10 de septiembre de 1934)

«El ángel de la guarda no solamente está presente, sino que su compañía desborda de ternura y amor; lo que requiere aún por nuestra parte para con él un amor hecho de ternura, es decir, de devoción. [...] La devoción se actualiza en la práctica de la oración de cada día, invocando a su ángel al principio y al final de cada jornada, pero también a lo largo de ella».

Juan XXIII (1881-1963) (discurso, 2 de octubre de 1960)

«Cada uno de nosotros tiene a su ángel de la guarda personal, con el que puede conversar igual que con los ángeles de la guarda de los demás. El 2 octubre es la fiesta de los santos ángeles de la guarda [...]. Sobre la fe de todo lo que enseña el catecismo romano, recordaremos cuán admirable es la disposición de la divina Providencia, que confió a los ángeles el oficio de velar por el género humano y porque el ser humano no fuera víctima de graves peligros. [...] Que la devoción a los santos ángeles nos acompañe siempre».

Juan Pablo II (1920-2005) (Roma, 6 de agosto de 1986)

«Las Sagradas Escrituras y la tradición denominan ángeles a los espíritus puros que en la prueba fundamental de la libertad escogieron a Dios, Su gloria y Su reino. Están unidos a Dios a través del amor total que surge de la beatificante visión de la Santa Trinidad. El propio Jesús dijo: "Los ángeles en los cielos ven constantemente el rostro de mi Padre que está en los cielos". [...] Siempre según la revelación, los ángeles que participan en la vida de la Trinidad en la luz de la gloria son también llamados a participar en la salvación de los hombres, en los momentos establecidos por el designio de la divina Providencia. [...] La Iglesia cree y enseña, basándose en las Sagradas Escrituras, que el cometido de los ángeles buenos es la protección de los hombres y la solicitud para su salvación. Encontramos esas expresiones en varios párrafos de las Escrituras, por ejemplo en el salmo 91, varias veces citado: "Dio orden por ti a Sus ángeles de guardarte en todos los caminos. Ellos te conducirán con sus manos para que tu pie no tropiece con la piedra". El propio Jesús, hablando de los hijos y advirtiendo que no deben ser escandalizados, se refiere a "sus ángeles". Atribuye además a los ángeles la función de testigos en el juicio supremo sobre el destino del que ha reconocido o negado a Cristo: "Cualquiera que me corresponda ante los hombres a su vez el Hijo del hombre lo corresponderá ante los ángeles de Dios"».

Sobre la devoción a los ángeles de la guarda

El reconocimiento de los ángeles dedicados a la protección de cada hombre y la aparición de la necesidad de rezarles entraron muy pronto en la enseñanza católica, como muestra especialmente el catecismo romano (catecismo del Concilio de Trento, 1566). Entre las distintas aseveraciones, se observará la importancia otorgada a los ángeles, dedicados a custodiar al hombre por la gracia y la protección divina.

La primera función de esos «perpetuos asistentes» es: «evitar las trampas secretamente preparadas por nuestros enemigos, rechazar los más terribles ataques dirigidos contra nosotros, [ayudarnos a] andar constantemente en el recto camino, e impedir que cualquier trampa tendida por nuestro pérfido adversario [el demonio] no nos haga salir de la senda que conduce al cielo».

En ese mismo sentido se presenta el catecismo de la diócesis de Dijon (1835), cuyo juego de preguntas y respuestas es muy claro sobre la posición de la Iglesia respecto a las entidades celestes y sobre la importancia de un diálogo constante con estas:

— ¿Recibimos alguna asistencia de los santos ángeles?
— Sí, Dios nos otorga a cada uno un ángel que se ocupa de nosotros, y que llamamos, por esa razón, nuestro ángel de la guarda.

— ¿Qué cuidados llevan a cabo nuestros ángeles por nosotros?
— Rezan por nosotros; ofrecen a Dios nuestras buenas acciones; nos defienden contra los demonios y nos protegen de los peligros.

— ¿Qué sentimientos debemos tener respecto a nuestros ángeles de la guarda?
— Sentimientos de agradecimiento, confianza y respeto.

— ¿No tienes un ángel que te custodia?
— Sí, la fe nos enseña que cada persona tiene su propio ángel de la guarda.
— ¿Es, pues, nuestro amigo el ángel de la guarda?
— Sí, es nuestro mejor amigo, ya que nos hace los mayores favores.
— ¿Lo quieres?
— Sí, lo quiero, y tengo plena confianza en él.
— ¿Le hablas a veces?
— Sí, le hablo, y le rezo todos los días, mañana y noche, y durante el día.
— ¿Le agradeces los favores que te hace?
— Sí, se lo agradezco todos los días.
— Dado que tienes a tu lado a un príncipe de la corte celeste, es preciso respetar su presencia: ¿piensas en eso a veces?
— Sí, pienso en ello, y me cuidaré de no hacer daño en su presencia.
— Cuando sientes en el fondo de tu corazón una buena evolución, un buen pensamiento, ¿quién te habla?
— Es mi ángel de la guarda, que me dice: «Huye del mal y haz el bien».
— ¿Debes seguir sus buenos consejos?
— Sí, intentaré seguirlos con docilidad.
— ¿Qué oración le rezas a tu ángel de la guarda?
— La siguiente: «Mi buen ángel, te agradezco todos los buenos oficios que me prestas. He puesto en ti mi confianza, te honro y

escucho tus consejos de salvación; obtén de mí la gracia de ser dócil a tus santas inspiraciones y de no ofender jamás a Dios».

Obsérvese que este juego cruzado de preguntas y respuestas mezcla estrechamente el acto de fe dogmático y la puesta en práctica moral y espiritual.

Los deberes del cristiano respecto a su ángel de la guarda

Entre las numerosas exhortaciones en favor del ángel de la guarda, citamos este texto de finales del siglo XIX, extraído de una obra piadosa con un título de lo más explícito: *El día del cristiano santificado por la oración y la meditación...*

«La creencia común de la Iglesia es que cada hombre tiene un ángel custodio. ¡Qué honor para un pobre lugareño que un príncipe se cuide de él y sus asuntos por orden del rey! ¡Qué bondad en esos espíritus bienaventurados vincularse así, plácidamente, para cuidar de miserables pecadores como nosotros! Existe una gran diferencia entre un lugareño y un príncipe: pero esta no existe entre un hombre y un ángel.

»Nuestros ángeles de la guarda están siempre junto a nosotros; jamás nos pierden de vista; son testigos de nuestras más secretas acciones. Si estuviéramos siempre en compañía de una persona tan distinguida, no nos atreveríamos a hacer nada más o decir nada que fuera contra el decoro. ¿Un hombre merece más respeto y consideración que un ángel? Esos espíritus celestes olvidan en cierto modo lo que son para servirnos. ¡Y los favores que nos prestan! Nos iluminan con la luz que necesitamos en nuestra conducta; nos ofrecen nuestras oraciones a Dios, y rezan sin cesar por nosotros; nos consuelan en las desgracias que nos llegan; apartan los peligros que nos amenazan; nos fortifican en las tentaciones; nos defienden de nuestros enemigos; nos excitan a toda hora para la penitencia y el amor a Dios; nos aconsejan a menudo en medio de nuestros desórdenes y crímenes; nos castigan algunas veces ellos mismos; y no ahorran esfuerzos para acomodar nuestra salvación: es lo que llevan en lo más profundo en su corazón. ¿Acaso no somos indignos de sus cuidados si no les prestamos la devoción que merecen? Encomiéndese a su buen ángel: debe rogarle, sobre todo, que le asista en el pecado y a la hora de su muerte».

Ave María

Acabaremos por fin esta breve descripción citando las celebérrimas palabras del ángel a María para anunciarle su muy feliz maternidad:

«Ave María, llena eres de gracia.
El Señor está contigo
y bendice el fruto de tus entrañas».

El mito del ángel caído

En el principio del mal está él: la criatura perfecta cuyo nombre antiguamente indicaba la estrella de la mañana. Lucifer, portador de luz, se liga al mito de la caída del ser celeste y, de hecho, se define en la figura del diablo, que encuentra en el profeta Isaías (14, 12) una designación precisa:

> «¡Cómo has caído del cielo,
> astro de la mañana, hijo de la aurora!
> Como si te hubieras precipitado a tierra,
> tú que agredías a todas las naciones».

Luego fueron los Padres de la Iglesia los que acordaron este fragmento del Antiguo Testamento con el Evangelio de San Lucas, donde aparece un versículo en el que Jesucristo dice haber visto la caída del ángel rebelde: «Yo veía a Satanás precipitarse desde el cielo como un rayo» (Lucas 10, 18).

La referencia a Lucifer es también evidente en el Apocalipsis (12, 7-9), cuya imagen del ángel caído es empleada para representar una de las cuatro desgracias que se abalanzaron sobre los hombres; además, también es descrito en el Apocalipsis (8, 8-9):

> «Como una enorme masa incandescente cayó al mar; la tercera parte del mar se convirtió en sangre, por lo que la tercera parte de los seres marinos dotados de vida murió, y la tercera parte de las embarcaciones pereció».

San Ambrosio, en el siglo IV, identificó a Lucifer con el gran dragón descrito en el Apocalipsis (12, 7-9), oficializando de este modo el símbolo de las tinieblas separadas de la luz en el momento de la creación del mundo.

El mito

La figura de Lucifer ha sido siempre objeto de reflexión, tanto por parte de los teólogos cristianos como hebreos y musulmanes. En general, su historia está marcada por algunos aspectos muy definidos:

— Lucifer (ángel supremo);
— rebelión contra Dios;
— caída con sus secuaces al infierno;
— encadenamiento en el Infierno hasta el Juicio Final.

En algunas interpretaciones, Lucifer aparece transformado en un animal monstruoso. Sin embargo, no está claro si este aspecto se mantiene en el tiempo, o sólo es un aspecto que puede adoptar el ángel rebelde.

Tomás de Aquino (1221-1274), en las «Cuestiones» L-LXIV de su *Suma teológica*, ponía en evidencia el modo y los efectos de la rebelión de Lucifer y de los otros ángeles que entraron en conflicto con Dios:

— los demonios, cuando desearon ser iguales que Dios, cometieron pecado de orgullo;
— los demonios no son malvados por naturaleza, sino que se vuelven así por propia voluntad;
— la caída del demonio no fue simultánea a su creación, ya que, si hubiera sido así, la causa del mal sería atribuible a Dios;

— el demonio fue, en los orígenes, el ángel de mayor jerarquía;
— el número de ángeles caídos es menor que el de los que guardaron fidelidad a Dios;
— los demonios no conocen las verdades últimas;
— los demonios están totalmente entregados al mal;
— los demonios sufren penas que, sin embargo, no son de carácter sensible;
— los demonios tienen dos moradas: el infierno, donde torturan a los condenados, y el aire, donde incitan a los hombres a cometer acciones malvadas.

La caída del dragón

Los Padres de la Iglesia compararon al ángel caído con el gran dragón apocalíptico; estos son los versos que han dado argumentos a los teólogos para defender tal reconstrucción (Apocalipsis, 12, 7-9):

> «Y hubo guerra en el cielo. Miguel, con sus ángeles, luchó contra el dragón, que también luchó con sus ángeles; pero no se impusieron. Su lugar dejó de ser el cielo. El gran dragón fue expulsado, la serpiente antigua, aquel al que llaman diablo y Satanás, aquel que engaña a toda la Tierra, y con él se precipitaron también sus ángeles».

Los ángeles malvados

Los expertos discuten todavía hoy acerca de la naturaleza de la culpa de aquel ángel que, cuando se volvió malvado, fue llamado diablo o Satanás. A lo largo del tiempo se han planteado cuatro hipótesis, surgidas también fuera de la autoridad eclesiástica, pero en cualquier caso con el ánimo de proporcionar un significado a los motivos que indujeron a un ser, bueno y próximo a Dios, a rebelarse contra su propio creador. Estas son las cuatro culpas posibles atribuidas a los ángeles:

— lujuria;
— desobediencia;
— orgullo;
— soberbia.

La idea del pecado sexual como origen del mal proviene de un texto apócrifo del Antiguo Testamento y, en parte, del *Libro del Génesis*, que toma algunos de sus elementos. El texto apócrifo se titula «Libro de los vigilantes», y está contenido en el *Libro de Enoc*, que data del siglo II a. de C.

«Y ocurrió, desde que aumentaron los hijos de los hombres, que en aquel tiempo nacieron chicas de bello aspecto. Los ángeles, hijos del cielo, las vieron y se enamoraron de ellas, y se dijeron: "Venid, escojamos mujeres hijas de los hombres y hagámosles hijos [...]". Y cada uno escogió una, y se las llevaron a sus casas. Y se unieron con ellas y les enseñaron encantamientos y magias y les mostraron cómo cortar plantas y raíces. Y ellas quedaron embarazadas y dieron a luz gigantes, con una estatura de tres mil codos. Estos comieron todo el fruto del esfuerzo de los hombres hasta que estos ya no se pudieron sustentar por sí mismos. Entonces, los gigantes se giraron en su contra para comerse a los hombres. Y empezaron a pecar contra los pájaros, los animales, los reptiles, los peces, y a comerse entre sí su propia carne, y a beber su sangre. La tierra, entonces, acusó a los perversos. Y Azazel enseñó a los hombres a hacer espadas, cuchillos, escudos, corazas, brazaletes, adornos y piedras preciosas, y les dijo lo que iba a suceder por su manera de actuar. Y hubo muchas atrocidades y se fornicó en gran medida. Y cayeron en el error, y todos sus modos de vida se corrompieron.

»Amiziras instruyó a todos los encantadores y los cortadores de raíces. Amaros enseñó la solución de los encantamientos. Baraquiel instruyó a los astrólogos. Kokabiel enseñó todos los signos de los astros. Tamiel enseñó astrología y Asdariel mostró el curso de la luna. Y, para la perdición de los hombres, estos gritaron y sus voces llegaron hasta el cielo».

De estas pocas partes del «Libro de los vigilantes» hemos podido constatar que el contacto entre los ángeles y los hijos de los hombres da lugar a dos tipos de pecado, el primero relativo a la unión con las mujeres de la Tierra, que generan gigantes, unos seres monstruosos; y el segundo concerniente a las enseñanzas atribuidas a los ángeles que bajaron del cielo:

— encantamiento y magia;
— corte de plantas y raíces;
— producción de las armas;
— uso de joyas, adornos y cosméticos;
— astrología.

Por lo que nos enseña este apócrifo, todo parece indicar que la difusión del mal en la Tierra tuvo su origen en la unión de los ángeles con mujeres, un contacto a través del cual una serie de conocimientos —que aquí se consideran negativos— pasaron a ser patrimonio de la humanidad.

Esta hipótesis que acabamos de explicar, del pecado sexual como origen del mal, está aceptada por muchos Padres de la Iglesia, por ejemplo Ambrosio, Ireneo de Lión, Clemente de Alejandría y Orígenes.

La tesis de la soberbia se apoya en otro texto apócrifo, *La vida de Adán y Eva*, donde el ángel se niega a realizar un acto de adoración hacia Adán, quien, al haber sido creado a imagen de Dios, merece ser venerado.

Cabe destacar la singular analogía entre este episodio y la caída de Iblis narrada en el Corán. En el texto sagrado de los musulmanes (Sura XV, 28-40), el ángel Iblis se niega también a adorar a Adán, y entonces se transforma en un *yinn* (ser de fuego ardiente):

«Y luego decimos a los ángeles: en verdad, Nosotros crearemos el hombre amasando arcilla seca con agua. Y cuando le hayamos dado forma, le insuflaremos Nuestro Espíritu. Entonces, él tendrá vida y vosotros tendréis que prosternaros ante él.

»Todos los ángeles obedecieron y se prosternaron, menos Iblis, que se negó a cumplir Nuestra voluntad.

»Y Dios le preguntó: "Iblis, ¿por qué no quieres prosternarte como los demás?".

»Y él respondió: "¡Me niego a rendir homenaje a uno que Tú has creado de la arcilla, del vil fango!".

»Y entonces Dios gritó: "¡Fuera de aquí, malvado! ¡Aléjate de Mí! ¡Mi maldición será tu sino hasta el día del juicio!".

»Iblis nos dijo: "Dios Mío, ya que me has alejado de Ti y empujado al camino del error, yo haré parecer bien lo que es mal a los hombres, y los arrastraré a este camino, salvo aquellos que crean en Ti y realicen buenas obras"».

Ildebardo de Mans, Pedro de Poitiers y otros reconocidos Padres de la Iglesia vieron en el pecado del orgullo el origen de la caída de Lucifer.

El ángel que se convirtió en Satanás tuvo la osadía de querer ser como Dios, o por lo menos de ser considerado superior a todas las demás criaturas.

Según San Buenaventura (1217-1274), Lucifer era el ángel más bello de todos, y debido a su esplendor tuvo la pretensión de ser considerado dios de los otros ángeles. Estos, a su vez, habrían reconocido su superioridad, cegados por la posibilidad de llegar a ser, un día, parecidos a él.

La desobediencia y la soberbia son los pecados originarios de Lucifer que han encontrado más consenso en el cristianismo. Es una opinión muy recurrente en todos los tratados demonológicos de todos los tiempos.

Sustancialmente, como destacó Tomás de Aquino, un ángel se concedió el derecho de considerarse similar a Dios, e intentó obtener, sólo con la ayuda de sus fuerzas, aquello que en realidad se podía tener mediante la gracia celeste.

> ## EL SIGNIFICADO DE LUCIFER
>
> Lucifer, del latín «portador de luz», es el nombre romano del planeta Venus o Estrella de la mañana. Lucifer, en la versión latina de la Biblia, se utiliza para traducir el término *phosphoros* de la versión griega. El término griego es la traducción del hebreo *hêlel*, que encontramos en el *Libro del profeta Isaías* (14, 12).
> En la traducción judaica, Hêlel es un demonio que está al mando de los Nephilim, los gigantes que encontramos en el *Libro del Génesis* (6, 1-4). Estos gigantes lo devoraron todo en la Tierra, y después quisieron comerse a los hombres. En la tradición apócrifa, los ángeles Gabriel, Miguel y Uriel salvaron a los hombres del suplicio, convirtiéndose en intermediarios con Dios, que castigó a los Nephilim.

El diablo como símbolo del mal

Muchas veces el diablo y el mal se consideran sinónimos. Sin embargo, este último tiene muchas caras. El hecho de que el mal cambie a la vez que lo hacen las costumbres no ayuda a aclarar el misterio.

El Antiguo Testamento recoge uno de los textos en los que el tema del mal se trata con mayor atención, se trata del conocido *Libro de Job*.

El sufrimiento del inocente

El *Libro de Job* es una obra fundamental de la literatura sapiencial de Israel, escrita por un autor anónimo entre los siglos III y v a. de C., donde el tema del dolor del inocente se trata con una fuerza lírica notable.

El Libro se desarrolla en forma de diálogo poético, contenido entre un prólogo (capítulos 1-2) y un epílogo (capítulos 42, 7-17). El prólogo y el epílogo recuperan la antigua tradición del hombre honesto, bueno, religioso, rico y estimado, que cae en la desventura y se ve privado de sus hijos, de la salud y de sus bienes. Satanás está en el origen de sus males. Al ver la gran fe de Job, Satanás se dirige a Dios con una extraña sugerencia: «Tú has bendecido sus empresas y sus reses se multiplican en la región. Pero extiende tu mano y daña sus pertenencias, y verás cómo te maldice en la cara».

El Señor quiso demostrar que Job no maldeciría a su Dios; aceptó el desafío de Satanás y puso a prueba al devoto Job. Este, pese a todos los males, sigue siendo fiel a Dios y no pierde el profundo amor que siente por la justicia ni la fe en los designios divinos. Superada esta dura experiencia, Job recupera todo lo que ha perdido.

Es indudable que el *Libro de Job* no ofrece al lector la clave definitiva para deshacer el enigma del sufrimiento del justo, sino que se limita a plantear como hipótesis de supervivencia (más espiritual que física) el recurso de la fidelidad a un valor (concretamente, Dios), que debe ser considerado un punto de referencia o, si se prefiere, una meta.

Job siente el deseo de encontrar a Dios, y esta búsqueda acaba siendo la clave de su resistencia al sufrimiento, que le permitirá superar muchas pruebas. Esta búsqueda da origen a una pregunta muy actual, que incluso entra en contradicción con los dogmas bíblicos: ¿quién es este Dios que permite el sufrimiento del justo?, ¿cuál debe ser la correcta relación del hombre con el cielo?

La justicia se diluye en el misterio de la vida, cuyas normas no pueden adecuarse a la razón humana, que inconscientemente interpreta el dolor como castigo y no lo considera una prueba a través de la cual la catarsis iniciática lo forme y lo haga progresar.

Para el laico, la actuación del *Libro de Job* no se rige tanto por la moral, o por lo menos no puede estar sólo allí, sino que debe buscarse la explicación en su desarrollo, en sus sugerencias, en el trazado de una narración en que el hombre que sufre se detiene a observar la máquina de la existencia que se ha averiado y, por primera vez, mira su vida desde una perspectiva diferente, más cruda y angustiosamente terrible.

En el Libro, después de la descripción del bienestar y de la piedad de Job y el inicio de sus penurias, entran en escena los amigos. Cada uno de ellos se lamenta y manifiesta su propia opinión, que contrasta, sin embargo, con la visión de Job, más racional y menos enfática que la que proponen los otros.

El protagonista rechaza las ofertas de los interlocutores, sobre todo cuando se le hace caer en la cuenta de que sus sufrimientos son el castigo por las faltas cometidas. Los amigos acusan directamente a Job, afirmando que la Providencia divina no comete errores y que toda reacción está determinada por una acción precedente. El protagonista no acepta esta interpretación, e intenta demostrar que Dios es indiferente al sufrimiento humano y quizás incluso impotente.

El hombre que sufre espera una respuesta de Dios, que hasta aquel momento es todo silencio.

El *Libro de Job* es una obra compleja que pone de relieve, en todas sus partes, el problema del sufrimiento del justo y de la prosperidad de los malvados. La homogeneidad temática, según los exegetas, permite entrever la presencia de numerosas intervenciones secundarias, que han actuado en el texto sin alterar su estructura, pero con la intención de situarla cada vez más en armonía con el tema principal del Libro.

En general, se cree que esta obra es el fruto de una lenta pero progresiva adaptación, que encuentra su íncipit en la vida de un tal Job, no ya nuestro protagonista, sino un antiguo sabio que se describe en la mitología fenicia y se recupera en el *Libro de Ezequiel* (14, 12-14):

> «Me llegó la palabra del Señor: hijo del hombre, si un pueblo peca contra mí cometiendo infidelidad, extenderé mi brazo contra él y le haré pedazos el bastón del pan; le mandaré el hambre y escindiré hombres y animales. Si allí estuvieran los tres famosos personajes, Noé, Daniel y Job, estos se salvarían por su justicia, oráculo de Dios, mi Señor».

Aunque con unas características literarias que hacen que se le llegue a relacionar con los *Diálogos* de Platón, el Libro de Job huye de cualquier clasificación y conserva su autonomía e independencia, que, concretamente en la segunda parte, muestra una actitud ante lo divino que resulta comparable a la del Prometeo de Esquilo.

El autor del *Libro de Job* debía de conocer también obras como el *Diálogo de un hombre atribulado con su buen amigo*, y el *Poema del justo paciente*, de origen mesopotámico. También cabe la posibilidad de que conociera la existencia de la *Disputa de un hombre cansado de la vida con su alma* y las *Lamentaciones de un agricultor*, de tradición egipcia.

Por ejemplo, en el *Poema del justo paciente* el íncipit es significativo: «Quiero celebrar al Señor de la sabiduría», un inicio que se comenta claramente a la luz de la moral perseguida por el autor del *Libro de Job*, cuyo protagonista acepta su estado con paciencia, resignación y fe.

En el texto egipcio *Disputa de un hombre cansado de la vida con su alma*, se detecta una actitud que encontraremos en un corto periodo de la experiencia de Job: la invectiva del protagonista contra todo y contra todos, en particular la invocación de la propia muerte, interpretada como efecto liberador y reajuste de una condición inicial de equilibrio y sobre todo de paz.

El texto, en toda su profundidad, pone de relieve el hecho de que el hombre es frágil, su existencia es un «soplo», una «hoja mecida por el viento». Toda la existencia está marcada por el peso que el hombre asigna a su propia experiencia terrenal, siendo «detestable y corrupto, que bebe la iniquidad como agua».

El sufrimiento invade la experiencia de los hombres y la existencia. Esta última se compara, con ligera ironía, a la vida militar cuando intervienen la enfermedad, la pobreza, la falsedad de los amigos, y entonces la muerte muestra su cara, colma justicia porque pone fin al dolor.

La solución final que devuelve el estatus a Job es, en cierta medida, anómala y contradictoria con la realidad, puesto que raramente en la vida el dolor termina definitivamente, y la felicidad es un don breve, una momentánea interrupción del sufrimiento.

Las dos caras del mal

El *Libro de Job* tiene el objeto de demostrar que hay varios tipos de mal, y el que está en conexión con la esfera física puede ser la metáfora de los males interiores más grandes, los incurables. Berdiaeff reflexiona sobre ello:

> «El manantial del mal no puede estar en Dios, y, sin embargo, no existe fuera de Él otro origen del ser y de la vida. Pero si el mal no puede tener su fuente en Dios, y si fuera de Dios, no hay nada más, ¿cómo se explica el fenómeno del mal? ¿Cuál es la solución a este dilema?».[10]

---

10. Nicolas Berdiaeff, *Spirito e libertà*, Edizione di Comunitá, Milán, 1947.

La pregunta de Berdiaeff es legítima, pero no tiene respuesta. La Biblia calla sobre este tema, y de algún modo este silencio puede ser interpretado de diversas maneras.

En el Génesis (3, 1) el mal aparece como un exabrupto, sin ningún preámbulo, y quien lo introduce es la serpiente, «el más astuto de todos los animales que el Señor ha creado», que conduce a los hombres a la ambigüedad del pecado. Así, el problema del mal entra en la historia: miles de páginas después, escritas por filósofos y teólogos, todavía no se ha logrado siquiera enfocar el lenguaje.

El mal contrasta con el bien: este es el axioma general del que se parte. Según Santo Tomás (1221-1274), el mal no es una realidad en sí, sino que indica la falta «de un bien debido» (*Suma teológica*, I, q. 14-10).

Por lo tanto, el mal se interpreta como la ausencia de algo: por ejemplo, falta de salud o de amor, que provocan desequilibrios capaces de alterar el curso de la existencia con una maniobra destructiva consentida por Dios, dicen los exegetas, pero no enviada para castigarnos.

Esto, naturalmente, no disipa nuestras incertidumbres ante el escándalo del mal, que, si nos es enviado como prueba, provoca unas hondas ansiedades existenciales y nos hace jadear a lo largo de la historia con la continua inquietud de saber si formamos parte activa de ello.

Según la *Enciclopedia católica*, el mal físico se caracteriza por el incumplimiento del ser con respecto a su estructura y a su desarrollo natural. El mal viene dado por el impedimento de alcanzar la perfección debida, por la destrucción de su perfección, por las enfermedades y por la muerte, que constituye el mal supremo.

El mal moral, en cambio, reside en la deformación de la voluntad con respecto a la regla de actuar y, por tanto, consiste esencialmente en la ruptura del orden de la recta razón (pecado) con la consiguiente privación del fin último (pena).

En consecuencia, el mal es una anomalía de una realidad perfecta, que se expresa precisamente a través de la privación o la reducción de un estatus considerado como bueno, a través del cual se está seguro de poder vivir de una manera que se cree óptima. Todo ello adquiere un sabor muy utópico que, en la continua búsqueda de la perfección (perdida con el pecado original), nos hace percibir con mayor fuerza el peso del mal.

Hasta aquí hemos visto que el mal entra en la historia imponiéndose, y contamos con una indicación sobre su origen: el diablo. Dios permite que el hombre sea puesto a prueba por el mal, que se caracteriza por una división fundamental: el mal físico y el mal moral.

¿Por qué debe existir el mal si el creacionismo cristiano enseña que todo lo que Dios ha creado es en sí bueno (Génesis 1, 31), y que también el hombre en su principio fue dotado de una rectitud natural según los dictámenes de su razón?

Entonces, dicen los teólogos, el mal indicaría la existencia de una situación de defecto debida a los hombres, y no a Dios.

El mal sería el fruto de un abuso de la libertad, como lo fue para Adán y Eva.

La religión del profeta iraní Zaratustra es quizás el primer intento por dar un sentido a la presencia del mal físico y moral en el mundo. La idea central de esta concepción se basa en la conciencia de que la realidad es el escenario de una lucha de dimensiones cósmicas entre el bien y el mal, entre el principio de la luz y el de las tinieblas.

La visión dualista aparece en la historia con Empédocles, un presocrático del siglo V, que concibe la realidad como un inmenso proceso de atracción y de separación animado por dos fuerzas opuestas: el amor y la discordia. Esta visión será más explícita en Platón, quien puntualizará que Dios no es el origen de todo, sino solamente de una pequeña parte de las cosas que le ocurren al hombre: los bienes deben considerarse efecto divino, mientras que para los males habría que buscar otra causa.

Platón se relaciona con la interpretación gnóstica, que ve en Dios sólo la fuente de los bienes y no le atribuye ningún mal. Todo el mal se puede adscribir a un eón intermedio caído, el Demiurgo, creador del mundo y, por tanto, regulador de las cosas materiales.

En este sentido, el pensamiento gnóstico se mueve en un fondo dominado por el fatalismo, en el que el mal no aparece originado por una culpa o por el dominio del libre arbitrio, sino por un dualismo metafísico entre espíritu y materia.

La visión zoroastriano-gnóstica, mucho más próxima a nuestro modo de pensar de lo que imaginamos, encuentra su apoteosis en la filosofía maniquea, difundida por un persa, Mani, que vivió en el siglo III, y se presentó como un apóstol de Jesucristo enviado entre los hombres. En este caso, la luz y las tinieblas también se contraponen. En la lucha eterna están involucrados los hombres, y también las plantas, los animales y las cosas, que pueden contener en su interior almas con un nivel inferior de purificación. La redención consiste en un proceso que se completa y conduce a la liberación y a la luz, junto al Padre de la Grandeza.

En el inicio del octavo tratado de la primera *Eneada*, Plotino (205-270) observa en su texto *De la esencia y del origen del mal* (VIII, I) lo siguiente:

> «Aquellos que buscan de dónde vienen los males, tanto los que afligen a los seres en general como a una categoría particular de seres, harían bien en iniciar su búsqueda preguntándose, antes que nada, qué es el mal y cuál es su naturaleza. De este modo se sabría de dónde viene el mal, sobre qué se funda, a quién puede afectar, y se llegaría a un acuerdo total sobre el problema por saber si este está en los seres».

Plotino tiene razón, ya que sólo si conocemos el objeto de una búsqueda se puede hacer crecer nuestro saber y, a continuación, determinar los instrumentos y los medios para llegar a identificar las motivaciones que están en el origen de la existencia del mal. En la concepción cristiana no hay indicio alguno de dualismo, porque los demonios también son criaturas de Dios, que se han convertido en malvados por elección propia. La lucha entre el bien y el mal no se presenta como una confrontación externa entre dos entidades diferentes, sino que se lleva a cabo dentro de una realidad común creada por Dios para los hombres. Según el *Libro de las crónicas* (1, 8, 6), el mal llegó al mundo por mediación de los ángeles rebeldes.

Orígenes (185-253) destaca que si Dios no elimina el mal que hacen algunos es porque sabe que de ello resultará un bien para otros. Si Dios es responsable de todo, incluso del mal, entonces podríamos pensar que no es bueno. Por el contrario, si el mal fuera externo a él —hecho que contrasta con la teología cristiana— entonces Dios no sería absoluto y otra entidad estaría operando contra Él, oponiéndose al proyecto positivo del bien.

Los intentos de resolver la *vexata quaestio* han sido objeto de estudio de teólogos y filósofos. San Basilio (330-379), en el sermón *Dios no es el autor del mal*, concreta:

> «No caigas en el error de suponer que Dios es la causa de la existencia del mal ni imagines que este tiene una existencia propia. La perversidad no subsiste como algo vivo. Nunca se podrá poner delante de los ojos su sustancia como algo que realmente exista. Porque el mal es privación del bien».

San Ambrosio (entre 330 y 340-397) lleva al extremo el concepto de falta en *De Isaac et anima* (7, 60-61):

> «¿Qué es el mal, sino la falta del bien, *boni indigentia*? Los males provienen de los bienes; sólo son malos los seres privados de bienes, *quae privantur bonis*. Y además, por

comparación, los males hacen destacar los bienes. El mal, por tanto, es la falta de un bien; se capta definiendo este último; es la ciencia del bien lo que hace distinguir el mal. Dios es el autor de todos los bienes, y todo lo que existe viene sin duda alguna de Él. En Él no hay ningún mal; y mientras nuestro espíritu permanece en Él ignora el mal. Pero el alma no permanece en Dios, es autora de sus propios males: por esto peca».

El discurso se complica en las puntualizaciones de San Basilio, *Homilías sobre el hexamerón* (2, 4):

«Si entonces —objeta— el mal no está generado y si no proviene de Dios, ¿de dónde saca su naturaleza? Por otra parte, nadie que participe en la vida negará que en realidad los males existen. ¿Qué se puede responder? Que el mal no es un ser vivo y animado, sino una disposición del alma contraria a la virtud que deriva de un apático abandono del bien. No busquemos el mal fuera, no imaginemos una naturaleza primitiva y perversa; a cada cual le corresponde reconocerse autor de la maldad que hay en él [...]. La enfermedad, la pobreza, la privación de los honores, la muerte y todo lo doloroso que ocurre a los hombres no debe contarse en modo alguno entre los males verdaderos, ya que no contamos sus contrarios como los más grandes bienes; algunas de estas pruebas tienen su origen en la naturaleza, otras no aparecen privadas de ventajas para quienes las sufren».

De las palabras de San Basilio constatamos que hay varios niveles de mal. El sufrimiento físico se encuentra en un plano inferior que el del pecado, al cual no parece que esté ligado. Interpretación que coincide con la que tenemos actualmente.

Pongamos por ejemplo los virus: si se tienen en un caldo de cultivo debidamente preparado, son un testimonio extraordinario de los mecanismos de la naturaleza y del milagro de la vida, y, por tanto, son la expresión de una forma positiva. Pero si estos mismos virus entran en contacto con el hombre pueden causar enfermedades terribles, mortales, con capacidad para diezmar la población de la Tierra, y desde este punto de vista se convierten en imagen muy evidente de la negatividad.

Lo mismo ocurre en la esfera moral: una declaración honesta puede contribuir al triunfo de la justicia y, por tanto, es un acto positivo. Pero si el testimonio se altera, entonces puede producir injusticia y la aniquilación de la verdad.

El mal, pues, sustituye a la normalidad del bien, infringe el *iter* normal, es una entidad privativa.

El dolor aparece como una realidad cruel que se manifiesta a través de la perversión y se configura en dos elementos: el conocimiento y la consiguiente conciencia de la carencia de un bien que existía previamente.

Pero, volvamos a la angustiosa pregunta de Job: «Dios, ¿por qué?». ¿Qué es lo que induce a Dios a permitir el mal? ¿Por qué afecta a un hombre y no a otro? Con toda seguridad, la mayor conquista del ser humano sería entender el entramado de un designio cósmico, que nos afecta cada día con sus torbellinos oscuros e impenetrables.

La teología no advierte de que el mal viene del demonio, y Dios, igual que un padre convencido del valor de sus hijos, no detiene el poder del maligno, sino que permite la prueba, seguro de la fuerza del hombre. Sin embargo, podemos preguntarnos, con el riesgo de ser considerados nihilistas, ¿poseemos realmente esta fuerza? O bien, ¿a veces el escándalo del mal es demasiado fuerte, violento e injusto para soportarlo?

La figura de Job y su renegar de la vida invocando la muerte es totalmente comprensible. El mal que todos sufren, de una manera u otra, permite ver en Job el símbolo de toda la humanidad ante aquel dolor que ninguna filosofía es capaz de atenuar.

Ciertamente, sí que existen motivos para quedar desorientados si, por ejemplo, leemos las palabras de la Biblia (Isaías 45, 7): «Yo formo la luz y creo las tinieblas, hago el bienestar y provoco la demencia, yo, el Señor, hago todo esto».

En la especificación «provoco la demencia» hay una gran contradicción, porque provocar o consentir tienen significados muy diferentes. Pero la exégesis cristiana, pese a tener en la Vulgata una afirmación perentoria *(creans malus)*, niega que Dios sea el autor del mal.

¿Dios permite el mal?

Dios permite a Satanás poner el hombre a prueba. En el *Libro de Job* le deja un amplio margen de actuación: «Pues bien, todo lo que es suyo [de Job] está en tu poder»; se trata de una afirmación importante porque permite valorar el peso del poder del diablo. Dios permite el mal de la materia y el del alma, pero no lo crea ni lo causa, afirman los teólogos. Por tanto, en el universo creado por Dios la privación no fue eliminada, sino admitida y contemplada. Cada cosa está en su lugar, cada criatura, obra y suceso contribuiría a la armonía general, demostrando así que el mal también tiene un papel, una localización precisa. Para Plotino, en *De providentia* (I, 17), la razón universal es una, pero no está dividida en partes iguales.

Como en la flauta de Pan o en otros instrumentos, hay tubos de distinta longitud; y cada uno da un sonido acorde con su posición concreta y con el conjunto de las otras. La maldad de las almas tiene su lugar en la belleza del universo; aquello que para ellas es contrario a la naturaleza sí es conforme para el universo. El sonido es más débil, pero no disminuye la belleza del universo. Esta metáfora viene a justificar la existencia del mal y lo describe como una presencia fundamental dentro del mecanismo cósmico, en el que lleva a cabo un papel preciso.

Pese a no tender al mal desde el principio, Dios lo conoce y confía en la sabiduría de los hombres para evitarlo. También es consciente del mal en la naturaleza, pero, recurriendo nuevamente a la teología, descubrimos que: «Dios no ha hecho la muerte y no siente ninguna alegría por la pérdida de vivos» (*Sapiencia*, 1, 13).

Un designio inescrutable involucra a todas las criaturas, marcadas desde el principio por una temporalidad atribuida a las culpas atávicas de sus antepasados. Todo se relaciona con Dios: «Si cae la desventura en la ciudad, ¿no será el Señor quien la ha causado?», se pregunta en la Biblia el profeta (Amos 3, 6), enlazando la cuestión con el poder de Dios, pero sin ofrecer ninguna indicación sobre las motivaciones que pueden haber determinado esta «desventura en la ciudad».

El poder de Dios aparece regulado por un mecanismo que no tiene ningún parámetro antropológico, sino exclusivamente cósmico e impenetrable: «El Señor da muerte y vida, envía a los infiernos y hace volver de ellos». Así, en el primer *Libro de Samuel* (2, 6) se pone de relieve el poder de Dios, que hace sentir al hombre todavía más frágil, aunque le da el bien de la esperanza. En ese versículo surge con evidencia el predominio de la muerte (pues es el Señor quien la da). Se trata de una indicación de significado especialmente denso, en contradicción directa con la tradición islámica: «Es Dios quien hace reír y llorar, nacer y morir» (Corán, LIII 43, 44).

Santo Tomás, parafraseando a San Pablo, aclara que Dios «no permite que ocurra ningún daño a los hombres que al final obstaculice su salvación» (*Carta a los romanos*, 8, 28).

En su esencia, el mal no debe entenderse como un signo definitivo, una caída de la cual uno no puede levantarse, sino como un paso que no invalida el fin último para el hombre que persevera en el bien.

Naturalmente, todo ello aparece como una verdad importante e inalienable para el hombre de fe, pero es difícil de entender por todos aquellos que no creen en Dios. En un estadio intermedio podríamos colocar aquí a todos aquellos que, con una actitud a menudo ambigua, temen a Dios, y lo consideran una especie de «controlador» siempre atento a la hora de castigar a quienes no respetan las reglas impuestas. Tal actitud, sin embargo, puede ser de difícil comprensión tanto para los que poseen fe como para los que carecen de ella.

Esta tendencia provoca, además, la formación de la imagen de un Dios que atemoriza a los fieles, autor de la destrucción y regulador del mal, similar a las divinidades paganas, alejadas de la armonía del Verbo. Pero ¿cuál es el sentido de un Dios que debe causar temor?

No olvidemos que el dolor no se puede suprimir porque es connatural con la naturaleza, y el mal no puede ser eliminado porque también forma parte de Dios.

En el Antiguo Testamento, Dios interviene directamente en la historia, y por esto nos parece más fuerte y violento; en pocas palabras, más humano. La cuestión es diferente en el Nuevo Testamento, donde la presencia divina está siempre mediada por la figura de Jesucristo.

Debemos tener en cuenta que, cuando el psicoanálisis se une con la teología, existe la posibilidad de imputar completamente a Dios el origen y el uso de la violencia, situando esta así fuera de la responsabilidad humana y, en cierto modo, exorcizándola.

Un Dios según el cual está bien aquello que se desea por fuerza debe ser un dios inventado por los hombres; una creación que sugiere, entre líneas, tener a Dios de nuestro lado para sentirse en lo justo y otorgarse así el derecho a juzgar. Ninguna civilización puede estar fundada en verdades relativas, sino que debe basarse necesariamente en valores absolutos, sobre los cuales tiene que poder construir sus propias certezas. Cuando en el *Éxodo*

(83, 19) nos encontramos un Dios que afirma: «Extenderé mi mano y alcanzaré Egipto con todos los prodigios», y luego vemos el efecto de las siete devastadoras plagas, no podemos dejar de temer la ira divina. La mortandad infantil, una de las plagas que afecta incluso al hijo del faraón, sugiere un Dios tremendo y no misericordioso, alejado de los barroquismos del icono y que debe ser visto, cuando sea necesario, como un castigador.

A veces ocurre que nos sentimos como niños que, después de haber escuchado algunas de las narraciones de la Biblia o haber visto películas como *El príncipe de Egipto*, se preguntan: «Pero entonces, ¿Dios es malo?». No, Dios permite que Satanás nos ponga a prueba. Hasta el final.

Anexo: 365 días con los ángeles

El gran poeta Paul Valéry decía: «Los dioses facilitan el primer verso; que el segundo sea idéntico al primero depende del poeta, y así sucesivamente».

Teniendo esta reflexión como telón de fondo, cada uno de los 365 pensamientos y aforismos angelicales que se proponen a continuación plantean el punto de partida de una reflexión sobre lo que es amar, intercambiar y compartir. Depende de cada uno de nosotros que los desarrollemos y los pongamos en práctica para que el mundo cambie.

Todos estos pensamientos, tanto aquellos que tienen un significado evidente como los que pueden parecer más crípticos, incluyen diferentes claves que le pueden guiar en su búsqueda personal del camino de la felicidad.

1
Su cuerpo siente la primavera
Mucho mejor que sus neuronas.

Abandonarse al placer inmediato que nos proporciona directamente la naturaleza, acallando por una vez nuestras consideraciones intelectuales: he aquí la invitación que el ángel nos hace para vivir plenamente nuestra propia condición humana dentro de nuestra dimensión corporal completa. Y es que la simbiosis con la naturaleza es fuente de mil beneficios.

2
Deje entrar en su casa
El aroma de su perfume.

Reanudar nuestra relación con las sensaciones más inmediatas, incorporándolas a nuestro entorno natural, nos permite reencontrar la esencia misma de la vida y nutrirnos permanentemente con sus placeres. Es también una manera sensible e inteligente de evadirnos del decorado urbano en el que, día a día, vamos perdiendo un poco de nuestra alma.

3
Imagine por un instante
Que la montaña es negra...

Jugar con el mundo, inventar imágenes y dar un toque de fantasía a todo aquello que parece eterno, todo ello hecho además con espíritu lúdico y creativo: esta es la pista que nos da el ángel, un camino que nos permite recuperar el espíritu de nuestra infancia.

4
Robe la leche sobrante
Del nuevo tallo naciente.

Al estar atrapados en una sociedad excesivamente normalizada, hemos olvidado el goce que nos provocan algunas sensaciones, consideradas por decreto como desagradables. Tocar la peculiar textura de un tallo cuando crece es como entrar en contacto con la eclosión misma de la vida: una metáfora viviente.

5
Vaya hacia los demás como un perro:
Él lo sabe...

Olvidemos la comodidad egoísta de nuestra cotidianidad y abrámonos espontáneamente a los demás, sin hacernos más preguntas. Dejemos de condicionar nuestras relaciones con los otros a intereses de cualquier tipo. Abramos los brazos y démosles la bienvenida: este gesto siempre genera bellos descubrimientos y grandes alegrías.

6
Confíe en...
Las ranas.

Un aforismo que puede parecer misterioso pero que cobra sentido en el momento en que se hace referencia a las citas de dos grandes poetas. La primera es de René Char, que escribió: «Antes de morir aún hay tiempo para llamar "dama" a una mosca». La segunda es de Guillevic: «Hay utopía en la brizna de hierba. Si no, no crecería». En ambas citas, el consejo es prestar atención al menor signo de vida que nos rodea, ya que esa observación es siempre sinónimo de enseñanza.

7

Luche por el placer;
No cuente los ladrillos del muro.

Crear y actuar son las dos palabras clave de la existencia. Construir un proyecto requiere compromiso, pasión y esfuerzo. Quien ahorra sus energías en ello se arriesga a no lograr el objetivo propuesto, y quien no disfruta de todas las tareas de la construcción sólo está rozando la felicidad.

8

«¿Por qué?» es una pregunta que no siempre requiere una respuesta.

¿Hay que estar siempre seguro de todo para involucrarse en un proyecto o una relación? ¡No! Si supiéramos de antemano el resultado de nuestras acciones, la vida sería muy triste. Por el contrario, asumir que actuamos sólo por el deseo de llevar a cabo nuestras decisiones es la mejor filosofía que existe, ya que afrontar los riesgos que implica tal actitud revaloriza nuestras acciones.

9

Con cada día que amanece azul
La felicidad se convierte en el rocío de la aurora…

Dar la bienvenida con alegría a las promesas que trae una nueva jornada confiere al destino todas las posibilidades de ser radiante. En otras palabras, la confianza y la implicación de las que hacemos gala al inicio del día hacen que ese nuevo episodio de nuestra vida sea más prometedor.

10

Querido libro,
Contigo la vida descubro.

Nadie puede conocer por sí solo todas las experiencias de la vida. De ahí la importancia de escuchar, de intercambiar y de compartir. En ese aspecto, los libros pueden ayudarnos a descubrir otros caminos, valores y visiones del mundo que nos permitirán ampliar nuestro campo de conocimientos y nuestra manera de afrontar la realidad humana.

11
El libro mudo dice:
Lee y relee.

Un libro no es sólo un conjunto de palabras sueltas. Es también un lugar donde discutir, intercambiar y compartir, en que al lector se le conduce para que se posicione. Como en toda relación, es útil —y necesario— profundizar en el diálogo y no quedarse en la superficie de las cosas.

12
Jamás es suficiente
Cuando se comparte.

La abundancia de bienes no disminuye, aunque las riquezas se redistribuyan entre muchos. El verdadero tesoro no es aquello que poseemos, sino más bien lo que damos y abandonamos.

13
Lo que nazca
Será su vida.

Ponerse al servicio del que está por debajo —el niño, el alumno o el aprendiz— lleva a la convergencia de todos los instantes. Una comunión responsable que implica olvidarse de uno mismo en beneficio de los demás, así como dar sin tener que renunciar.

14
«Soy yo quien abre la puerta»,
Dice orgullosa la llave.

No nos hagamos ilusiones: aunque seamos dueños de nuestros actos y, por tanto, podamos mostrarnos legítimamente satisfechos de sus efectos y sus consecuencias, no podemos vanagloriarnos de ser completamente responsables de ellos. De hecho, son muchos los elementos que forman parte de lo que hacemos, y seríamos demasiado orgullosos si nos atribuyéramos el mérito exclusivo de nuestras acciones. Un poco de humildad nos llevará a reconocer que hay vanidad en atribuirnos el éxito de una empresa o, por el contrario, su fracaso.

15

«¡Bandera blanca! ¡Bandera blanca!», grita el centinela.
«¡Mentiroso!», responde el soldado daltónico.

La mediación debe prevalecer siempre por encima del enfrentamiento. Rendirnos a tal evidencia no constituye en absoluto una retirada o una derrota, sino todo lo contrario, ya que demuestra nuestra voluntad de resolver la crisis por vías alejadas de la violencia. No resulta fácil elegir esta opción, y a veces, aquel a quien nos dirigimos se revela incapaz de comprender la señal o, peor aún, finge no captar su auténtico sentido.

16

No hay duda entre lo dicho y lo callado.

Un diez por lo primero, un cero por lo segundo. Elegir el camino de la franqueza: este es el significado profundo de este aforismo, que nos invita a no cargar con lo que no hemos dicho, pues su peso acabaría por reducirnos a la inmovilidad. En efecto, la libertad de expresión es la única fianza de nuestra libertad de acción.

17

El canto de un pájaro es para un sordo
Mayor música que para el que no quiere escuchar.

Este aforismo, cuya forma y esencia se deben a la sabiduría de un proverbio chino, expresa con claridad que quien se cierra se enclaustra más en su propio enojo y soledad que aquel que no tiene los medios para superarlos. Para este último siempre existe la posibilidad de superar sus limitaciones encontrando otras vías de comunicación, lo que no puede suceder con el primero, ya que es él mismo quien provoca su desgracia.

18

La música del pan tostado
Se aprecia con el olfato.

A menudo, los pequeños placeres son los más mágicos porque proporcionan sensaciones sin igual. Saber aprovechar el instante en la simplicidad de su magnificencia es saber dar una oportunidad de abrir la vida a fortunas mejores.

19
Que el propósito de año nuevo
Sea el propósito de cada día.

Hacer de cada nuevo amanecer un futuro que podemos construir, de la misma manera que los nuevos propósitos inauguran el año: he aquí el privilegio que nos ha sido dado si queremos hacer de cada día una jornada de celebración.

20
Si la flor de edelweiss puede atravesar la nieve
¿Qué fuerzas no le dará la primavera?

Del mismo modo que una semilla logra germinar en los entornos más hostiles, encontramos en nosotros fuerzas insospechadas que nos ayudan a crecer incluso en los momentos más difíciles. Es entonces cuando hallamos en nuestro interior, no la voluntad, sino el deseo de crecer sin ni siquiera reflexionar. En ese momento podríamos mover montañas.

21
No envidie al viento:
¡Jamás se detiene!

Nuestro deseo de libertad y de acción es tan grande que estaríamos dispuestos a renegar de nuestros límites... Grave error: las acciones descabelladas sólo producen una felicidad momentánea. Debemos saber detenernos y reposar: la hora del descanso es también fuente de bienestar.

22
Todos los misterios del mundo
En los ojos de un gato...

Si hay algo realmente enigmático en este mundo es la mirada de un felino. No abusemos de nuestra sed de certeza, hay que saber dejarse seducir por lo que se esconde tras una evidencia tan bella.

23
La cima no es el objetivo:
Igual que el dedo, sólo señala...

Un proverbio asiático dice, básicamente, que cuando el sabio señala el cielo con el dedo, el necio mira el dedo y no el cielo. Este aforismo recoge la misma idea y nos propone tener siempre in mente la idea de ir más lejos, de avanzar tanto en las pequeñas cosas como en las grandes.

24
Aposentado en su propio presente
Lleva dentro la historia y el futuro del mundo.

¿Qué es el instante? No es sino la conjunción de un pasado —el nuestro—, que se confunde con una historia ancestral que empezó mucho antes de nuestro nacimiento, y de un futuro que está por crear y por vivir, y que nos convertirá a cada uno de nosotros en parte esencial del engranaje humano. En otras palabras, somos a la vez herederos y testadores, inventores y poseedores de la memoria del mundo. Seamos dignos de esa doble carga.

25
Al decir «yo»
Abres la puerta a todos los «tú».

No seríamos gran cosa sin los demás: nos convertiríamos en incapaces de evolucionar, de crecer, de realizarnos y, en definitiva, de vivir. Expresarse como persona es, pues, reconocer la importancia de los otros y la gran oportunidad que este hecho representa, ya que nuestra relación con los demás es lo que realmente nos hace existir.

26
Una gota de café en el fondo de la taza,
Un poco de vino en el fondo de la copa,
Nada se ha perdido por esto.

La generosidad de la naturaleza es indispensable para el desarrollo de la vida. Como lo es, por ejemplo, que los bosques se renueven gracias a las ardillas que, cuando no encuentran avellanas, cavan en la tierra para permitir que crezcan nuevos árboles. Seamos menos avaros en nuestro día a día.

27
Su sueño vale más que su vida,
Su vida vale más que su sueño.

Por su magnífica fuerza de atracción, el sueño constituye el motor perfecto de nuestros mejores compromisos y acciones. Pero por su propio carácter ideal, también es irrealizable. Soñar para construir implica también saber renunciar a lo imposible y aprovechar las experiencias que los sueños nos han permitido adquirir.

28
Que su deseo fluya,
Nadie lo detendrá...

El deseo es el motor de la existencia. No debe, pues, aspirar a simples satisfacciones personales, sino a favorecer el diálogo, la atención y la recepción para hacer que el amor sea la vocación principal y la única satisfacción de este mundo. Su fuerza será entonces tan grande que, igual que un río, guiará al mundo en la dirección correcta.

29
¿Suficiente de todo?
Cuando todo no es suficiente...

No se canse nunca, ni siquiera cuando cree estar de vuelta de todo, pues el abanico de experiencias y descubrimientos es infinito. Este aforismo nos invita a ir siempre más allá para acercarnos aún más a la esencia del mundo.

30
Vaya directo,
Suele ser un trayecto corto.

No siempre es fácil actuar según los sueños, ya sea por falta de fuerzas, ya por no encontrar la manera de hacerlo. Ese momento más o menos largo de espera obligada, que pone a prueba nuestra paciencia, forma parte de los obstáculos que debemos superar para lograr nuestro objetivo, a los cuales tenemos que resistirnos para evitar la tentación de abandonar.

31
No lamente los excesos
Que le marcan los extremos.

El entusiasmo suele llevarnos a hacer más de lo que debemos, de la misma forma que la debilidad nos lleva por caminos poco recomendables. Sepamos ver lo positivo de los extremos y aprendamos la lección que nos dan en lugar de escondernos en una culpabilidad estéril.

32
Entre «demasiado tarde» y «nunca más»,
Usted elige.

Es mejor darse cuenta de que, por haber renunciado o por no haber tenido coraje, nos hemos perdido algo esencial y que debemos poner todos los medios para que no vuelva a suceder, en vez de lamentarnos y desesperarnos sin reaccionar.

33
Un plato frío,
Mejor que la penuria.

Nunca es demasiado tarde para hacer el bien y cada logro —aunque sea tardío— merece saborearse como tal, no importa cuándo haya llegado.

34
No caliente sus odios,
Tampoco los consuma fríos.

Si no podemos acallar los odios que albergamos dentro, dejémoslos morir sin reactivarlos nunca más y, al contrario de lo que dice el refrán, no los tomemos tampoco fríos en forma de venganza.

35
Incluso las islas
Conocen la tormenta.

Aislarse para protegerse no garantiza la paz, por lejos que se vaya uno. Cuando la tormenta se desata, no lo hace sólo en un pequeño lugar, sino en todo el territorio.

36
¿Han manchado su nombre?
¿Sabe?, sólo es un nombre.

Sólo se puede reaccionar ante las agresiones externas con la indiferencia y, a ser posible, con el perdón. En el momento en que uno actúa de acuerdo con su propia ética, poco importan las críticas de las que sea objeto. Los que se mofan de alguien no logran poner en entredicho la integridad de esa persona.

37
Aprenda a saborear
La luz de las estaciones.

Vivir siguiendo el ritmo marcado por la naturaleza y permitirse el lujo de apreciar cada instante conlleva tal sentimiento de armonía que podemos fundirnos con el mundo y con su Creador.

38
Espléndido color
El negro de la noche cerrada.

Quien abandona sus miedos descubre la esencia: la belleza en estado puro.

39
¿Y si, por una vez,
Anduviese sin rumbo?

Andar por el placer de andar, ir a la aventura, con confianza y libertad. Una experiencia única que abre la puerta a todos los encuentros posibles.

40
Escribir sobre una hoja o sobre la arena,
¿Importa?

Lo importante no es tanto lo que uno hace, sino el impulso que nos hace actuar y que enriquece nuestras creaciones. Este es el sentido profundo de nuestros pasos y su justificación.

41
Bajo la sombra del manzano,
El placer de la flor, la promesa del fruto.

¿Qué valor tendría la apacible comodidad de un instante bonito si no existiera la perspectiva de un futuro prometedor? Aprovechar el momento significa saber y admitir que este contiene la totalidad de la vida.

42
Es difícil,
¿Y bien?

Lo importante no es que las tareas que uno emprende sean fáciles o difíciles, sino tomarlas con entusiasmo, convicción y perseverancia.

43
La manta de lana
Anuncia la llegada del invierno.

A cada pregunta, su respuesta; a cada problema, su solución... A cada realidad, un modo de adaptación, y todo ello, con el descubrimiento de una nueva manera de actuar y un placer por descubrir.

44
En un gorro de lana
Todos los corderos del mundo.

Entre la imagen y la metáfora, no cabe ni siquiera un cabello. Este aforismo subraya el respeto que debemos a la vida y al trabajo de los hombres.

45
Una tarta en el horno es más que una promesa:
Es el instante mágico de la felicidad.

Como en el refrán «El mejor día es la víspera...», este aforismo nos dice que la espera de la felicidad que ha de venir ya es felicidad. Y lo que es válido para los placeres de la mesa, también lo es para todos los aspectos de nuestra existencia.

46
El placer no es más
Que el rocío de la felicidad.

A menudo el placer es como los árboles que nos impiden ver el bosque. Sólo nos deja ver más allá si lo consideramos como lo que es: una etapa que transcurre en el camino hacia la felicidad.

47
Como las abejas,
Crea en abundancia.

Generosa por definición, la naturaleza produce bienes que a menudo sobrepasan nuestras necesidades. Las abejas son un buen ejemplo: fabrican más miel de la que necesita la colmena. Así, el hombre puede retirar parte de la riqueza del panal sin poner en juego el equilibrio y la continuidad de la colonia. Crear en abundancia nos abre el camino para compartir.

48
No entregue,
Deje que le quiten.

San Vicente de Paúl, fundador de las Hermanas de la Caridad, decía: «Hace falta mucha humildad para aceptar el pan que te dan». Es en este sentido en el que hay que leer y entender este aforismo, que proclama que el dar debe ser tan natural, corriente y espontáneo que responda al abandono de todo tipo de resistencia.

49

*Diga «sí» o «no»,
Pero no permanezca en silencio.*

En toda relación humana, nada es peor que la indiferencia. Dar respuesta a todas las peticiones, incluso aunque sea con una negativa, es mejor que el silencio, que propicia toda clase de interpretaciones.

50

*El helado de leche caliente
Como la nieve en verano.*

La magia de esta metáfora reside en la unión de los contrarios, en el matrimonio —contra natura y, sin embargo, vivido como real— entre dos elementos que no pueden coexistir de forma natural. Sin embargo, la imagen se impone por sí misma, testimonio patente de que lo imposible no lo es siempre.

51

*Ese cuadro le dice: «Venga».
Escuche sólo esa voz.*

A veces una obra de arte despierta en nosotros una llamada que no podemos resistir. Una necesidad imperiosa de ir más allá de lo que vemos surge con tal fuerza y de manera tan misteriosa que literalmente nos transporta. ¿No es esto propio del mensaje de un ángel?

52

*No hay peor desgracia
Que una casa sin música.*

Debido a los ecos de felicidad —y a veces de dolor— que suscita en nosotros, la música tiene el poder de transportarnos a mundos nuevos, de hacernos abrir los ojos y el corazón a lo esencial. Privarse de música es perder la oportunidad de acceder a ese nivel superior de emoción y conocimiento supremo. No es por casualidad que, en la tradición pictórica y religiosa, encontremos tantos ángeles músicos.

53
La memoria está en sí
Mucho mejor que en los libros.

Los libros son memoria, pero memoria muerta si sus páginas carecen de lectores. Apropiarse de las palabras de los demás para enriquecerse y transmitirlas constituye, pues, un acto de salud pública. Y esto, que resulta válido para los libros sagrados, lo es también para las obras profanas, que tanto dicen del ser humano.

54
Una rosa bien vale
Saltarse una comida.

Tomarse tiempo para maravillarse de la belleza de las cosas podría considerarse una forma de contemplación, una pausa en nuestra existencia, generalmente sometida a un ritmo tan rápido que nos priva de esos momentos de gracia. Permitámonos, pues, disfrutar de ellos sin culpabilidad, al margen de nuestra vida cotidiana, tan funcional, para poder reencontrarnos con lo esencial.

55
¿Dormir para olvidar?
¡No! Para vivir un poco más.

Muchos creen que dormir es una pérdida de tiempo. Esto implica olvidar que esas horas, independientemente de sus virtudes reparadoras, abren la puerta a sueños que, a veces, nos quedan grabados con una fuerza y una permanencia superiores a muchas experiencias vividas estando despiertos. También estas forman parte de la vida...

56
El secreto de los espejos
Es que son un extracto.

Aunque refleja de forma idéntica —pero a la inversa— el mundo sensible que nos rodea, el espejo no deja de cuestionarlo. Vemos una imagen de nosotros, de los seres y de las cosas que nos rodean que, aunque sea real, no lo es de forma estricta. Por esto, podemos considerar legítimamente los espejos como un extracto, a causa de las reflexiones que pueden suscitarnos.

57
Grande y pequeño
No significan nada en el país de los ángeles.

Ser plenamente lo que uno es para poder convertirse en lo que uno quiere constituye el único camino interesante. Con esta perspectiva in mente, cada uno va a su ritmo, sin que nadie sea más pequeño o más grande que los demás.

58
No se limite
A lo que digan los demás.

Construir una vida no consiste en convertirse en la imagen que los demás proyectan de nosotros. Hay que reaccionar ante esta actitud pasiva con un compromiso activo e individual para poder recuperar nuestra originalidad como personas. El mismo ángel no nos pide que coincidamos con la imagen ideal que nos impone, sino que participemos activamente en la construcción de nuestra personalidad.

59
Ser el ángel
De su ángel.

Entrar en competición con su ángel para convertirse en su protector: quizá sea imposible, pero sería glorioso.

60
Incluso solo
Vive acompañado.

Un hombre solo perdería su humanidad. Estaría desamparado, marginado y aislado. Toda impresión de vacío y de abandono se debe, pues, a la pérdida de la conciencia de sociedad, ya que todas las personas viven en el interior de una colectividad y una historia humanas, sean cuales sean sus circunstancias.

61
Ser el cuerpo
De su ángel.

Proporcionarle un cuerpo a su ángel, que por naturaleza es necesariamente un espíritu puro, puede parecer un objetivo enormemente ambicioso. Se trata, sin embargo, de un proyecto legítimo, ya que, cuanto mayor es el reto que nos imponemos más grandes son las oportunidades que tendremos de avanzar en el camino que nos llevará hacia la perfección.

62
El horizonte,
Límite en sí mismo.

¿Es el horizonte un límite? Sí y no es la respuesta. Sí, porque constituye la línea donde se pierde la mirada. No, porque esa frontera retrocede continuamente a medida que avanzamos. No constituye, pues, una barrera en sí misma y además nos sirve como una meta, gracias a la cual no nos sentimos perdidos en el infinito y podemos permitirnos avanzar a escala humana.

63
Lo que quiere el ángel
Es lo que usted desea...

Siempre preocupado porque vivamos nuestra propia libertad, nuestro ángel actúa para proporcionarnos la manera en que podamos reafirmar nuestras decisiones más convenientes en todo momento.

64
Alégrese
Si llaman a su puerta.

No vivir confinados en nuestra confortable intimidad, sino abrirnos constantemente a los demás sin manifestar jamás el más mínimo signo de incomodidad o rechazo: he aquí el profundo significado de este consejo.

65

¿Quién tendrá jamás la alegría
De inclinarse sobre la cuna de un ángel?

¡Qué bonito sueño! Coincidir perfectamente con la creación hasta el punto de poder asistir al nacimiento de un ángel.

66

No confunda el amor de cine
Con el cine de amor.

Este aforismo viene a decir, en otras palabras, que no se debe confundir de forma irreflexiva el objetivo con los medios utilizados para conseguirlo. Desde luego, no está prohibido, más bien todo lo contrario, darse el placer de hacer algo, pero siempre que no se equivoque de blanco. Si, por ejemplo, pintar es un placer, el cuadro en sí mismo ya resulta un goce. Olvide la regla que nos convierte en artesanos cuando más bien somos artistas...

67

«Deja tus alas y ven...».
«¡Sería capaz!», responde el ángel.

La vocación del ángel es asistir, dar fuerzas y reconfortar con tal constancia, abnegación y humildad a los hombres que, sin duda, estaría incluso dispuesto a renunciar, si ello fuera posible, a su propio estatus para poder cumplir su misión más importante a la perfección.

68

No juzgue el lápiz
Sólo por su carbón.

El ángel no tiene por qué estar reñido con el humor. Este aforismo resulta una prueba de ello, ya que expresa de forma directa que la apariencia no tiene por qué coincidir siempre con la realidad más íntima de los seres y las cosas. Así que vale más tener prudencia...

69
El ángel no conoce otras lágrimas
Que las que seca en sus mejillas.

Aunque es una criatura de amor, de alegría y de entusiasmo, el ángel puede conocer la pena, pero sin detenerse demasiado en ella. A su imagen, debemos preferir la esperanza al lamento y, por tanto, la acción al arrepentimiento de no haber construido un destino mejor, tanto para nosotros como para los demás.

70
Escribir:
Derroche de tinta...

Lejos de ser un simple pasatiempo, el trabajo de escribir constituye una buena manera de profundizar en una mejor comprensión de uno mismo, de los demás y del mundo. Tras el devenir de ideas y emociones aparecen verdades, certezas e interrogantes nuevos que nos permiten profundizar en la búsqueda. Este enraizamiento no es sinónimo de inmovilidad, sino más bien de un trampolín que propicia los avances.

71
No vea sólo el agua azul
Ya que a veces se vuelve gris.

Siguiendo el mismo registro humorístico, pero en un tono más estricto, este aforismo sugiere que debemos aceptar que los demás, y el mundo en general, no se corresponden siempre con lo que nosotros deseamos o esperamos... Incluso (y quizá, sobre todo) aunque sea por su bien.

72
¿Sirve de algo
Encontrar un culpable?

Perder la costumbre de dividir el mundo en dos polos opuestos —el bien y el mal— y, por tanto, querer etiquetar siempre a los demás como culpables e inocentes no sería sólo una demostración de sabiduría, sino también una prueba de amor. Las cosas no son siempre tan simples, tan claras, ni tan cuadriculadas. Es una cuestión de tolerancia...

73
Venga lo que venga,
Tómese tiempo para sonreír.

Exceptuando casos extremos, ¿es la vida cotidiana tan pesada, dolorosa y sombría que no nos deja un solo espacio para una explosión de alegría, de belleza o de ternura? Ante esta pregunta, cada uno podrá constatar que las pruebas que nos desaniman no tienen el poder de aislarnos en la soledad y el sufrimiento, y que siempre existe la manera de encontrar, en un lugar u otro, la razón para salir de nuestra clausura.

74
Existe, seguro,
Un amigo que te espera.

Gilbert Bécaud cantaba: «La soledad, ¡eso no existe!». Un estado de soledad... quizá, pero siempre es algo pasajero. Cada uno debe hacer el esfuerzo de salir de sí mismo, dirigirse hacia los demás y darse al mundo. El camino no es fácil, pero la recompensa se encuentra al final: ¿quién puede decir que jamás ha tenido un amigo?

75
Elija levantarse...
Con el pie derecho.

Una conocida superstición dice que la jornada depende del pie que elegimos para levantarnos. Más allá de las convenciones, la idea que encierra esta sentencia es que hay que burlarse de las circunstancias y optar por el buen humor cada día que amanece, pero siempre por una decisión voluntaria y determinada.

76
Utilice el pasado
Como trampolín.

Vivir no es echar de menos la felicidad de tiempos pasados ni quejarse de los obstáculos encontrados a lo largo de la vida, sino utilizar el potencial de emociones y de conocimientos que hemos adquirido gracias a esas experiencias para disfrutar mejor del presente y construir un futuro mejor. En este sentido, el pasado constituye una inestimable riqueza que puede y debe servirnos para avanzar con mayor fuerza.

77
Hágase un collar
Con sus pequeñas alegrías.

Son muchos los que dejan escapar la vida por limitarse a esperar o a conquistar la gran felicidad, cuando miles de pequeñas alegrías llegan a cada momento para que seamos felices en la cotidianidad... Claro está, uno ha de estar atento y no despreciarlas. Tomémonos tiempo para identificar esos frágiles instantes y nos sorprenderá constatar que, incluso en la peor de las jornadas, la vida no escatima en darnos agradables sorpresas.

78
Vacíe el hatillo
De todas las culpas.

Para andar ligero hay que desprenderse de los bultos pesados, y la culpabilidad es uno de los sentimientos que más pesa. En vez de darle vueltas a todo lo malo que nos ha pasado, volvamos a empezar permitiéndonos ahora el lujo de aprovechar esta nueva oportunidad.

79
Escoja el futuro
Antes que el lamento.

Es imposible volver al pasado: alegre o triste, constructivo o destructivo, forma parte inseparable de nuestro bagaje personal. Así que, mientras vivamos, todo está en juego y sigue siendo posible. Involucrémonos, con alegría y convicción, en el terreno virgen del mañana, donde todo está por construir.

80
Sueñe con lo imposible,
Pero realice lo posible.

Cuanto mayor sea nuestro objetivo, más alta será la cima que alcancemos. Sin embargo, tenemos que ser conscientes de que nunca estaremos a la altura de nuestros sueños. Debemos tener objetivos ambiciosos, pero también valorar los escalones que nos han permitido subir hasta ellos.

81
No desaproveche su tiempo
Con discusiones inútiles.

La vida es demasiado corta para enzarzarse en discusiones y malentendidos. El tiempo es un bien demasiado precioso para dedicarlo a solventar pequeñas diferencias, sobre todo si nos esperan bellos encuentros, bonitos diálogos e increíbles momentos que compartir.

82
No acuse a los demás
De los odios que suscita.

Este aforismo es una derivación de la conocida parábola cristiana de que es más fácil ver la paja en el ojo ajeno que la viga en el propio. Antes de juzgar las reacciones de los demás y de fustigar sus resentimientos, debemos destinar algo de tiempo a realizar un examen de conciencia.

83
No juzgue.
Analice, estime y aprecie...

Juzgar es, a menudo, condenar. Y en materia de ética, nadie tiene la exclusiva de la verdad. Vale más, pues, analizar, sopesar y tratar de comprender antes que sentenciar. Además, nos sorprenderá ver cómo esta actitud desata la empatía y dota a los verbos *estimar* y *apreciar* de un doble sentido.

84
Conozca sus límites
Para poderlos traspasar.

Conocer los límites de uno mismo no es resignarse a ser esclavo de ellos, sino aprender a buscar la manera de superarlos. Este aforismo surge de un bonito poema de Guillevic: «Los límites existen / En todo va a encontrarlos / Menos en su deseo / Por franquearlos».

85
Escuche a los demás
En lugar de escucharse a sí mismo.

Olvidarse de uno mismo en beneficio de los demás constituye una de las formas más bonitas de enriquecerse a través de un espíritu de desdoblamiento —a veces conflictivo, pero siempre constructivo— que propiciara un intercambio esencial tanto en el plano intelectual como en el espiritual, el afectivo y el emocional. Es una buena manera de alejarse del cara a cara con uno mismo, que rápidamente se vuelve estéril.

86
Celoso:
¿Por qué?

Envidiar a los demás en lugar de construir nuestra propia felicidad constituye uno de los mayores frenos a nuestra realización personal. Debemos tener in mente que sólo se disfruta plenamente de lo que se construye, no de aquello en lo que nos amparamos.

87
Las peores circunstancias
Son también terreno para magníficos nacimientos.

Uno de mis amigos, un librero que se declara amante de los hombres y de la literatura, es la prueba viviente de una bonita filosofía que sostiene que la vida está hecha de una sucesión de problemas que se deben resolver. Si no tuviéramos escollos, ¡qué aburrimiento! Actuar es reaccionar, incluso cuando los obstáculos nos parecen insuperables. Convenzámonos de que luchar de forma positiva es una oportunidad que raramente sabemos apreciar.

88
El fracaso enseña más
Que todos los trofeos ganados.

Si soñamos con alcanzar el éxito en plena juventud, la vida nos enseña que, difícilmente, las cosas suceden con esa facilidad. Y, en cierta manera, es mejor que esto suceda así, ya que las adversidades nos obligan a desarrollar nuestros recursos, a afirmar nuestro potencial y a afinar nuestras estrategias para culminar nuestros proyectos, de manera que todo lo que ganamos lo convertimos en nuestro.

89
Sea curioso.
No deje de aprender...

Sócrates decía: «Sólo sé que no sé nada». Es un buen motivo para abrirse aún más a los demás y al mundo en un acto de enriquecimiento permanente, gracias al cual la existencia adquiere un sabor de constante renovación.

90
Necio es
El que juzga al asno.

Lo que para uno es estupidez es inteligencia para el otro: todo está en función de la cultura, la sensibilidad y el conocimiento. De ahí la importancia de ir más allá de lo que sabemos a priori y de salir de nuestro pequeño mundo para enriquecernos con el contacto continuo con el otro, aunque se trate de un animal.

91
Si el ángel hace al lirio
Que el lirio haga al ángel.

Símbolo de la pureza, la flor de lis se asocia con frecuencia a los ángeles y a María en las representaciones pictóricas. Obremos nosotros también, en nuestra vida cotidiana, para que la asociación entre el lirio y el ser humano sea igual de evidente.

92
Salvo las grandes causas,
Ni bueno ni malo, sino esto y aquello.

Considerar las acciones y los pensamientos de los demás —y, de paso, también los nuestros— con mayor mansedumbre y tolerancia: este es el sentido de esta proposición que nos invita a dejar de juzgar y acercarnos a las cosas con un dualismo menor para captar la realidad bajo un ángulo más libre y flexible.

93
Conozca la paciencia
Bajo los grandes árboles.

Inspirarse en los ejemplos de la naturaleza para relativizar nuestra concepción del tiempo e involucrarnos de lleno en el transcurso de la vida: este es el sentido de este aforismo, que nos enseña que no debemos retener nuestros deseos, sino darles tiempo para que fructifiquen.

94
Todo hombre es Dios
Si da un sentido al mundo.

Uno de los aspectos más bonitos de nuestra libertad es el hecho de poder «inventar» el mundo y darle un sentido. Para los creyentes, esta «invención» se confunde con el descubrimiento íntimo de la realidad divina y de todo lo que implica en cuanto a humildad, amor y desdoblamiento. Ser Dios no es, pues, conocer, sino «re-conocer».

95
Cree sus decisiones
Y crea en ellas.

Ningún proyecto personal puede dar fruto sin convicción, lo que no significa que no haya que escuchar los consejos que podamos recibir de nuestro entorno. Pero una vez que la decisión esté tomada, luchemos por nuestro objetivo con una confianza ciega en nosotros mismos.

96
La novedad no es
Fuente de todos los placeres.

Si el aburrimiento nace de la monotonía, la felicidad no es necesariamente hija de la novedad. En una sociedad donde los intereses comerciales multiplican el deseo por los productos inéditos, podemos ver que la proliferación de creaciones no es garantía de una vida realmente mejor. La felicidad también existe dentro de ciertas formas de cotidianidad o de repetición, ya que, como no somos máquinas, nunca repetimos las cosas exactamente de la misma manera.

97
Todo gesto
Tiene su propietario.

En cuanto nos dejamos llevar por el impulso que nos arrastra hacia el otro, el menor gesto de comunicación o signo de recibimiento nos involucra de lleno en esta relación. Los demás tampoco se equivocan, ya que reciben un signo de inspiración idéntico. En este momento dejamos de ser nosotros mismos. Como algunas risas, que son más contagiosas que otras...

98
Como las flores,
Sea una promesa.

Más allá de su valor estético, la flor anuncia el nacimiento inminente del fruto, símbolo de la cosecha y prolongación de la vida. Como ella, debemos ser siempre portadores de proyectos constructivos.

99
El ángel necesita su pie
Para dejar su huella.

En el sentido literal y en el figurado, el ángel —ser inmaterial por definición— no puede dejar sus huellas en este mundo si no es a través de un ser corpóreo. Cuanto más se acerca el hombre al ángel, más se confunden sus pasos... Y también lo hacen sus huellas.

100
Que sus grandes palabras
No traicionen su palabra.

¿Qué es más personal y más representativo de nosotros que nuestra palabra? En cuanto la damos, nos comprometemos en nuestra totalidad. Más vale pues morderse la lengua antes de hablar que abandonarnos a una verborrea sin fin, para que nuestro discurso corresponda perfectamente al mensaje que queremos transmitir, sin arriesgarnos a que este nos traicione.

101
¿Quiere pelea? ¡Adelante!
Busque a su adversario en el espejo.

La agresividad hacia los demás suele venir por un malestar personal interno más que por motivos reales de discusión. Antes de abandonarnos a la cólera y de llegar a las manos —aunque sea de forma simbólica—, un momento de pausa ante el espejo nos permitirá reflexionar sobre cuáles son los motivos reales de nuestra ira y, por tanto, de la legitimidad de nuestras acciones.

102
Tenga respeto
Hacia usted.

Quien no se respeta no respeta a los demás. Y cuando falla el respeto, no son posibles las relaciones ni los intercambios, dejando aparte el hecho de que esta falta de respeto nos hace la vida realmente imposible.

103
Quien presiente el camino de la felicidad
Es más feliz de lo que piensa.

«Si me buscas, es que ya me has encontrado», decía Cristo en una de sus parábolas más hermosas. Esta sentencia sirve igual para la felicidad, pues buscarla es estar en camino hacia el objetivo que se persigue.

104
Crea
Por creer.

Sin convicciones, sin rodeos. La fe —en Dios, en uno mismo, en el otro— constituye la convicción suprema, gracias a la cual es posible ir más lejos en el intercambio, en la compasión (en el sentido literal de *cum passio*, «con pasión») y en el hecho de compartir para construir un futuro en consonancia con nuestras aspiraciones más nobles.

105
*Como todo animal,
Sucumba a la caricia...*

No es fácil dejarse amansar. Ni lo es tampoco desprenderse de la desconfianza para abandonarnos al otro. La confianza y la sensación de abandono constituyen, pues, el punto de partida para compartir, sea cual sea el terreno en el que se encuentre: tanto espiritual como afectivo o sensual.

106
*Agradezca
Todo lo que le ofrezcan.*

Igual que San Francisco de Asís, tomémonos el tiempo de agradecerle a Dios los regalos que nos ha hecho, gracias a los cuales disfrutamos de las alegrías del momento y de las bellezas del mundo.

107
*Término significa «casi nacimiento»,
Nos enseña el ángel.*

A menudo confundido con el final, que concluye definitivamente un recorrido, debemos considerar el término como el logro de una etapa que nos permite empezar otra nueva. Más dinámico que el final, es sinónimo de apertura a posibles novedades.

108
*Hielo y nieve en abundancia:
Nunca el verano ha conocido esa luz...*

No hay situación tan extraordinaria ni tan remota de la cual no podamos sacar provecho. El objetivo de este aforismo es incitarnos a renacer en cada ocasión.

109
Agradezca al ángel
Poder elegir.

Sin la libertad de elección que nos da, el ángel sería más bien un legislador, o peor todavía, un dictador. Por eso debemos agradecerle el bonito regalo de la autodeterminación.

110
En el festín de los ángeles
Todos los platos son para usted.

En el banquete espiritual al que el ángel nos ha invitado y que ha preparado en nuestro honor, todos los platos están reservados a nosotros.

111
Todo origen
Tiene un futuro.

Todo lo que nace se convierte por necesidad en algo. Y el devenir implica también un recorrido, con todo lo que implica de éxito o de fracaso, de suerte y de desgracia, de breve aventura o de largo viaje. Pero sea como sea el camino por recorrer, es el de la vida, un milagro permanente.

112
Ser uno mismo:
Apuesta arriesgada.

Alejarse de todas las formas de apariencia y dar la espalda a lo que resulta falso no es una tarea fácil, pues estamos demasiado influidos por aquello socialmente establecido, encerrados en actitudes convencionales o que adoptamos por una cuestión de pudor o timidez. Lograr ser uno mismo en todos los aspectos de nuestra personalidad constituye, sin duda, el éxito más auténtico de nuestra existencia. Una única orden, pues: ¡fuera las máscaras!

113
¿Tu mejor ambición?
La humildad del ángel.

Obremos a la sombra y al margen de todo sentimiento de orgullo: he aquí la lección que nos da el ángel con su actitud hacia nosotros y hacia su Creador.

114
No lo creerá,
Pero mañana vuelve a empezar...

«Mañana será otro día», dice una sentencia... Tan auténtica, que hace que nos impliquemos en las cosas para que evolucionen positivamente.

115
El agua,
Más que agua.

El Antiguo y el Nuevo Testamento están repletos de metáforas relacionadas con el agua. Desde el pasaje del mar Rojo hasta el bautismo por inmersión, el agua es algo más que un símbolo: es un sacramento.

116
Mida su fuerza
De acuerdo con su clemencia.

Si «la clemencia es la virtud de los reyes», como afirma Edme Boursault, ¿por qué no puede ser la prerrogativa de todos nosotros? En cualquier caso, sería una buena manera para poder acceder al trono de la grandeza, pues esta es directamente proporcional a la capacidad de perdón.

117
Al pie de la montaña
La promesa de un ángel.

Todo recorrido comporta unas pruebas, toda prueba es un desafío, y todo desafío es válido porque responde a una apuesta: este es el sentido de este aforismo, que nos invita a ir más allá de nosotros mismos para llegar a la cima que representan nuestros propios objetivos.

118
No tenga más orgullo
Que el de hacerlo bien.

Si el orgullo tiene alguna utilidad es la de ser la fuerza que nos empuja a hacerlo mejor según nuestras capacidades. Sólo este orgullo es legítimo.

119
¿No puede perdonar?
Siga intentándolo...

Si algo es difícil es aprender a perdonar. Y utilizamos la palabra *aprender* porque pocos de nosotros somos capaces de ejercer esta mansedumbre de manera espontánea. Sin embargo, si no hay perdón abrimos un conflicto permanente con el otro. Así que no nos resistamos a seguir el consejo que el sabio Boileau daba a sus escribanos, aplicado aquí a nuestra apuesta moral: «Repetid cien veces el trabajo para mejorar el resultado».

120
Ninguna puerta a la que llamar...
Siempre a la del ángel.

Cuando todo parezca llegar a un punto muerto y estemos a punto de caer en la desesperación, recordemos que el ángel escuchará siempre nuestra llamada.

121
Dichoso aquel cuya riqueza
Se mide en gotas de rocío.

Saber apreciar el regalo que se nos ofrece sin quitarle valor: he aquí la verdadera riqueza.

122
El ciempiés
Es también una obra de arte.

La belleza se revela a quien sabe observar con atención, más allá de patrones estéticos y culturales. Como prueba de esto, la increíble anatomía de este miriápodo, cuya perfección llama al respeto.

123
Grande es
Quien ofrece su mano al vencido.

Vencer no es aniquilar al otro, sino darle los medios para que pueda volver a levantarse después del combate perdido. Un gesto tan noble que implica disponer de mucha humildad, pero también de mucho amor y capacidad de renuncia para no sucumbir a nuestras ansias de grandeza.

124
Llegar es
Volver a empezar.

El único punto final que realmente hay en este mundo es la muerte. Por lo demás, cada tarea finalizada debe ser el trampolín para poner en marcha otro impulso o proyecto. No debemos estancarnos, pues, insistiendo en nuestros fracasos o vanagloriándonos de nuestros éxitos, ya que lo verdaderamente esencial es estar siempre en marcha, en busca de nuevos retos.

125
El invierno tiene su sol:
La chimenea.

Nada es blanco o negro en nuestro mundo, sea cual sea la situación en la que nos hallemos. Sacar el máximo provecho de los acontecimientos sin perdernos en sueños estériles constituye la mejor manera de avanzar: cada momento puede ofrecernos nuevas alegrías y riquezas.

126
Su mejor amiga:
La aurora.

Cada día que empieza se abre un abanico infinito de posibilidades, lo que supone una buena ocasión para dirigirse al futuro con toda la fuerza de nuestro entusiasmo y concretar cada vez más nuestros sueños.

127
Dedique un tiempo
A velar por las estrellas.

Simplemente contemplar y meditar: un placer único, que raramente nos damos el lujo de experimentar. Sin embargo, esta pausa en la cotidianidad es indispensable para reencontrarnos con nosotros mismos y con el mundo en el que vivimos. Pronto nos daremos cuenta de que esos ratos muertos son también muy activos.

128
Guarde con cuidado
Los secretos de los demás.

Respetar al otro es respetarse a sí mismo. Debemos, por tanto, estar éticamente a la altura de las confidencias que se nos hacen, guardar los secretos que nos han sido confiados y no utilizarlos para satisfacer nuestro sentido de la ironía ni tampoco como armas contra aquellos que se han abierto a nosotros con total confianza.

129
¿Ser ángel?
¡Extraño!

Puede parecer extraño querer imitar a los ángeles o, como mínimo, tenerlos como modelos, cuando estamos lejos de poseer su constancia y sus cualidades. Sin embargo, la apuesta no es tan descabellada como puede parecer a primera vista, ya que, cuanto más exigente es el objetivo, más oportunidades existen de progresar.

130

No reduzca al otro
A la imagen que tiene de él.

La idea que nos hacemos de los otros siempre es parcial, ya que nunca los podemos conocer completamente. Por tanto, debemos tener en cuenta todo lo que no captamos de los otros para evitar una visión simplificada que no corresponda en absoluto con la realidad de su ser.

131

Aquello de lo que sea desposeído
Vale menos de lo que cree.

¿No damos demasiada importancia a aquello que poseemos? O, si lo prefiere, ¿no somos esclavos de nuestros bienes? Con la experiencia, uno se da cuenta rápidamente de que lo que creía esencial para la felicidad y el confort no es, al final, tan indispensable. Es una buena manera de concentrarse en el ser y no en el tener.

132

No espere la suerte:
Téjala.

Este aforismo recupera, a su manera, el refrán «Ayúdate para que el cielo te ayude». Quien se contente con esperar pasivamente el paso de su buena estrella se arriesga, de hecho, a aguardarla durante mucho tiempo. Vale más invertir con paciencia y constancia en nuestras acciones para lograr, etapa tras etapa y punto tras punto, como un tejido, los objetivos propuestos.

133

Más alto, más lejos,
Siempre.

Los límites están hechos para sobrepasarlos, ya que si no se convierten rápidamente en los muros de una prisión. De ahí la importancia de ver más allá de ellos para no dejar nunca de progresar.

134
No hacen falta alas
Para ser un ángel.

Tan verdadero como que «El hábito no hace al monje», las alas no hacen al ángel: son sólo su «traje», la representación. Ser un ángel depende de un estado de espíritu, de voluntad, de compromiso.

135
No apueste por el sufrimiento
Para asegurarse el derecho a la felicidad.

El sufrimiento no es una moneda de cambio que pueda usarse para «comprar» felicidad. Al contrario, la cantidad de felicidad no es proporcional a la de sufrimiento. De nada sirve pues flagelarse, ni en el sentido literal ni en el figurado, cuando lo esencial es orientarse siempre hacia el camino de la felicidad —física, psicológica y espiritual— a pesar de las pruebas y el dolor que puede generar.

136
¿La felicidad por la felicidad?
Triste programación.

La felicidad no es, en esencia, egoísta, sino todo lo contrario: crece de tal manera que puede compartirse sin ningún desvelo de avaricia. Y si, por casualidad, los demás la rechazan, nosotros debemos seguir irradiándola sin retorcernos jamás en un gozo del que seríamos el único beneficiario.

137
Bien entendido
El destino es fuente de la felicidad.

Sacar lo mejor de cada imprevisto, por doloroso que sea, nos permite aceptar las alegrías y sobrellevar mejor los nuevos obstáculos. Esta apertura a todo lo posible constituye un verdadero pozo de riqueza, gracias al cual tenemos la oportunidad de dar sentido a nuestra vida y al mundo.

138
Abandónese sin medida,
Aun bajo el riesgo de destruirse.

Darse al otro en cualquier circunstancia constituye la marca del ángel. A su imagen, debemos implicarnos totalmente en cada gesto, pensamiento e impulso, aunque este compromiso nos lleve a veces a situaciones extremas. Nuestra convicción y autenticidad nos servirán de escudos contra la adversidad.

139
¿Ningún ángel en el horizonte?
Entonces, gire la cabeza...

A menudo, es en los momentos en que nos sentimos más solos cuando se producen las mejores coincidencias: una mano tendida, una voz que nos llama. Hay que abrir bien los ojos para verla o los oídos para escucharla. La aparente ausencia del ángel revela, de hecho, su presencia.

140
Desconfíe
De los vendedores de felicidad.

La felicidad no se compra, sino que uno mismo la crea, la gana y la construye todos los días, por deseo, elección o voluntad propios. El resto no es más que charlatanería y fuente de desilusiones.

141
El arco iris:
¿La sonrisa de un ángel?

En el país de los ángeles, la alegría exultante puede compararse metafóricamente con la curva de colores del arco iris, que es tan frágil como bella. Tengamos esta imagen presente —así como la realidad del fenómeno meteorológico— por lo que es... y por lo que podría ser.

142
Aprenda a reírse
De su sufrimiento.

Aprender a relativizar las cosas nos permite vivir una aproximación mucho más exacta a la realidad y, por tanto, escapar de esa actitud victimista que nos acaba despojando de todos nuestros medios. Con la perspectiva que nos da la distancia, podemos encontrar las respuestas apropiadas para salir del círculo vicioso en el que nos acabaríamos encerrando.

143
Mejor que nadie
Sabe usted dónde está la dicha.

Encontrar en uno mismo las razones para vivir y conducir nuestra existencia según nuestros valores implica voluntad, confianza y constancia, sin las cuales uno no llega a ser nunca lo que es y depende siempre de las alegrías prestadas.

144
Ame sin concesiones,
Siempre.

La vida es demasiado corta para perder el tiempo odiándose... Sobre todo cuando sabemos que el amor es fuente de encuentros felices y alegrías inefables. Vivir es amar siempre sin tregua.

145
Abra los ojos,
Deje entrar el mundo.

Confinarse en el confort de la individualidad constituye una actitud negativa que hace imposible saber compartir. Abrirse al mundo en todas sus vertientes, tanto en situaciones de alegría como de desdicha, permite interactuar con los demás y enriquecer constantemente nuestra vida.

146
No se crea responsable
De todo lo que se le escapa.

La culpabilidad es fuente de grandes tristezas. No se trata de eludir responsabilidades, sino de que es ilusorio pensar que se es capaz de resolver todos los problemas. Aceptar nuestras limitaciones para poder superarlas es algo que se aprende, y nadie debería cargar con la responsabilidad de resolver todas las miserias del mundo. Podemos —¡debemos!— darnos la libertad de ser felices, aun cuando creamos que no hemos llegado a ayudar al otro.

147
Un buen «tiene» es mejor que dos «tendrá».
Sueñe que ese «dos» es también para usted.

Aunque «lo mejor es enemigo de lo bueno», nadie ha dicho que debamos renunciar siempre a ello. Además, hay que ver ese exceso como una apuesta posible de futuro y no como una competición sistemática, que nos llevaría a considerar cada experiencia como proveedora de penurias.

148
Primero conquistar...
Luego dar.

Todo lo que podemos adquirir no vale nada si no somos capaces de compartirlo. Sin esta facultad, pronto nos encontraríamos solos en medio de una fortaleza, que podríamos identificar fácilmente con una cárcel.

149
Sueñe que el tiempo
Le da más de lo que le quita.

La noción de tiempo —y, por tanto, de envejecimiento— tiene muy mala consideración entre la sociedad contemporánea. Prueba de ello es el culto a la juventud que transmite la publicidad. Sin embargo, cada día que pasa aporta una riqueza inestimable que contrarresta, de forma ventajosa, los perjuicios de la edad. Aceptar esto nos permite medir las ganancias adquiridas y acceder a una felicidad que descuidamos demasiadas veces.

150
Igual que las ostras,
Haga perlas de sus heridas.

Los obstáculos son siempre enriquecedores... una vez superados. Después de hacerlo, nos proporcionan nuevas fuerzas que nos permiten enfrentarnos a las dificultades de la vida con mayor determinación. Pongámonos, pues, manos a la obra para superar los pequeños y los grandes accidentes de nuestra vida y recibir así el futuro con mejores armas.

151
Directo al objetivo
Por el camino de los alumnos.

Aunque la línea recta sea el camino más corto para ir de un punto a otro, algunos recorridos utilizan otras vías para llegar a la misma meta. Esta divagación no es en sí inútil, ya que ofrece la oportunidad de miles de encuentros y descubrimientos anexos que nos confirman la dirección que habíamos tomado. Todos los caminos llevan a Roma...

152
Es destino
Lo que se considere como tal.

Nada está escrito en este mundo; nuestra existencia la construimos nosotros mismos con nuestras cualidades innatas y con la intervención del azar. Rechazar esta evidencia significa resistirse a crecer y a construirse; en definitiva, dejar de lado todo tipo de responsabilidad.

153
Bendito el obstáculo
Que alimenta las estrategias para superarlo.

Lejos de hacernos renunciar, los escollos que jalonan nuestro camino nos ofrecen la oportunidad de pensar soluciones para salvarlos o superarlos. Cada obstáculo vencido nos hace más ricos, más fuertes y con más experiencia para afrontar las dificultades de la existencia.

154
Nada de supersticiones:
Una pesadilla no es más que una pesadilla.

Liberarnos de falsas creencias supone un paso imprescindible para conducir nuestra existencia hacia intereses mejores. Además, permite sacudirnos nuestros miedos y elegir nuestro camino con total libertad. Si no, el miedo y la espera acaban por paralizarnos.

155
¿Y si mañana
No fuera peor?

Quien da la espalda a la esperanza se condena a rumiar sin cesar sobre sus fracasos y, por tanto, se encierra en un inmovilismo depresivo que no hace más que agravar las cosas. De ahí la importancia de confiar en el futuro, que, según demuestra la experiencia, ofrece a menudo miles de oportunidades para volver a empezar.

156
Esperar
Es elegir su porvenir.

Quien espera se da todas las oportunidades para poder confirmar sus decisiones a través de un espíritu constructivo que le permite realizarlas. Mediante su mensaje de esperanza perpetua, el ángel está ahí para recordarnos esta certeza.

157
No desnude la margarita
Para convencerse del amor.

¿Dónde hemos de ir a buscar las respuestas a nuestras preguntas sino en el interior de nosotros mismos? Este es el sentido de este aforismo que recuerda, por otra parte, que debemos respetar toda forma de vida, incluso la vegetal.

158
Deje a los demás
La libertad de sus errores.

Aceptar la libertad del otro, incluso cuando se equivoca, constituye una gran prueba de respeto. Esta actitud no resulta fácil, pero es precisamente eso lo que le da un mayor valor.

159
Su alegría
Es luz para el apenado.

En la vida, todo es relativo: nuestras pequeñas alegrías son grandes felicidades para quienes no han experimentado nada parecido.

160
Bendito el cielo
Por no ser infalible.

La naturaleza humana es de tal modo que la infalibilidad nos haría caer en el sectarismo o, peor aún, en el despotismo. Demasiadas certezas aniquilan el sentido crítico, sin el cual no llegaríamos a ser dioses, sino monstruos.

161
No quiera que los demás
Abusen de usted.

La forma en que los otros nos pueden conocer es forzosamente parcial, ya que no disponen de los medios para conocernos del todo; además, su visión de nosotros se basa en ideas preconcebidas. En lugar de criticarlos por sus errores de apreciación, démosles una imagen más clara de nosotros mismos.

162
No hay felicidad más dulce
Que la que se forja uno mismo.

La felicidad de una vida de éxitos no se basa en lo que se puede conseguir sin un proyecto y un compromiso personal. En otras palabras, todo aquello que se adquiere sin «luchar» es una frivolidad frente a lo que construimos a fuerza de convicción, perseverancia y coraje.

163
Respete a su enemigo,
Admire a su adversario.

No hay ningún ser humano que merezca nuestro desprecio, ni siquiera el más feroz de nuestros enemigos. A través de su lucha, reconocemos su compromiso y su valor, aunque no compartamos en absoluto sus puntos de vista.

164
Sea deseo,
No debilidad.

Motor de la existencia, el deseo tropieza a veces con el hastío si no alcanzamos nuestros objetivos. Alimentar el deseo, a pesar de los fracasos y las decepciones, constituye una auténtica filosofía con cuyos principios no hay que transigir, so pena de dejar pasar nuestro destino.

165
Permítase por un momento
El lujo de la soledad.

No siempre es fácil encontrarse cara a cara con uno mismo, tanto por razones prácticas (el trabajo y la familia son a menudo muy absorbentes) como psicológicas (la soledad es, para algunos, difícil de soportar). Sin embargo, esta es una gran ocasión para reflexionar con calma y hacer balance de lo que uno ha hecho, de lo que vive y de lo que desearía concretar. La pausa durante la soledad, legítima en muchos aspectos, se impone como un lujo que debemos aprender a darnos.

166
La desesperación no sobrevive
A un simple gesto de humor.

Reírse de los contratiempos, aunque no sirva para resolverlos, es una de las maneras más eficaces de relativizarlos y, por tanto, de encontrar los medios para afrontarlos y superarlos. El humor y la ironía aparecen, pues, como aliados para restablecer nuestro equilibrio y retomar el camino con buen pie.

167
Agradecer
Equivale a acoger.

Poca gente sabe agradecer espontáneamente a los demás y se excusan tras la idea de que decir «gracias» es «admitir una deuda». Reconocer los gestos positivos de los demás hacia nosotros nos proporciona la manera de profundizar en una relación constructiva, cuyos beneficios compensan de forma ventajosa el abandono de la timidez, el pudor y las reservas que podamos mantener.

168
¿Más felicidad?
Cuando la felicidad se basta a sí misma.

Con la esencia del refrán «Lo mejor es enemigo de lo bueno», este aforismo proclama que más no es, necesariamente, mejor. Disfrutar de la felicidad no es una actitud estática, pues esta no nos limita, sino que implica nuestra total y activa participación para que pueda desarrollarse plenamente, a la medida de nuestra inversión. El secreto de la felicidad reside, pues, en vivirla al momento, sin buscar el crecimiento de la que ya hemos conseguido.

169
No dé consejos:
Manifieste...

Hacer partícipes de las experiencias personales a los demás es, sin duda, más provechoso que atiborrarles de técnicas, recetas o metodologías para que puedan alcanzar los objetivos... Incluso aunque puedan resultarles útiles en su camino. Regalar lo que uno ha vivido, de forma sincera y humilde, es transmitir no sólo un saber, sino también la fuerza de un compromiso, a partir del cual el otro puede desarrollarse por completo con total libertad.

170
Sin víboras,
¿Sería el bosque más bonito?

En lugar de quejarnos porque el mundo no es como esperamos, es mejor vivir la realidad tal como es e inventar nuevas estrategias que pueden ayudarnos a evitar o superar lo que nos molesta o nos atemoriza. Encerrarse en un ideal ilusorio no es, sin duda, la mejor solución.

171
Toda aventura merece ser vivida,
Aunque sea a la vuelta de la esquina.

La cotidianidad es generosa con bellas sorpresas que hay que aprender a cazar al vuelo, y ser conscientes de que todo puede desembocar en una bonita experiencia. Para vivirlas, además, no hace falta irse hasta el fin del mundo.

172
Trabaje todo lo que haga falta
Para lograr la felicidad.

La felicidad se gana día a día, hora a hora, minuto a minuto. Pero eso requiere esfuerzo. Quien se contenta con esperarla se arriesga a seguir hambriento durante mucho tiempo. No dudemos pues en pagar con nuestra propia persona para ver realizados nuestros más íntimos deseos.

173
La nostalgia
Es también felicidad.

Considerar la felicidad del pasado como una adquisición que nos hace resurgir, y no como algo irremediablemente perdido, nos da una fuerza incomparable. Evocar esta riqueza de forma dinámica lleva a unir lo útil con lo agradable y la alegría del recuerdo con el entusiasmo por continuar el camino.

174
A cada edad su felicidad
Aun cuando la felicidad no tiene edad.

La alegría de un niño no es igual que la de un adulto; sin embargo, ambas se complementan y se refuerzan con la convicción de una alegría aún mayor. De esta suma, que se multiplica con el paso del tiempo, nace la satisfacción de una vida completa.

175
Sea un héroe
Sin saberlo.

Dar lo mejor de nosotros mismos en cada instante, sin miedo al posible fracaso, es la única actitud que deberíamos adoptar ante todo. Quien lo consigue se convierte, sin duda, en un héroe a los ojos de los demás; esto, en sí, no tiene ningún valor, ya que lo esencial es estar en armonía con uno mismo y ser fiel y constante en nuestro camino.

176
Prefiera el sombrero
A la aureola.

Dichoso el que, incluso aureolado por sus acciones, considera esta distinción como un simple accesorio de su vestimenta. En su humildad ha comprendido lo esencial.

177
Arrodillarse
No insulta sino a su orgullo.

Aunque llore por el peso del fracaso o caiga ante su propia impotencia, arrodillarse supone un acto de gran nobleza. Dichosos aquellos que lo viven como tal.

178
Quien no ha probado la lluvia
No conoce el agua.

Estar cerca de la naturaleza es estar cerca de Dios. Beber el agua de la lluvia viene a ser, metafóricamente, beber el agua del cielo, símbolo de la vida.

179
Todo es bello,
¿No lo sabía?

Tanto los seres como las cosas revelan su propia belleza en cuanto dejamos de observarlos a través de nuestro prisma estético y cultural o buscando la posible utilidad que podamos sacar de ellos. Mirar a los demás y al mundo con nuevos ojos nos permite captar la plena realidad de la creación bajo una nueva perspectiva.

180
La dulzura de un abrazo
Duele.

La expresión plena y completa de un impulso profundo y auténtico —sea de amor o de amistad— es, como todos habremos experimentado, una mezcla de dulzura y dolor, tanto para el que lo da como para el que lo recibe. La intensidad de esta demostración roza la quemadura. Atrevámonos, pues, a cotejar esta fuerza que puede hacernos llorar de alegría.

181
Escuche su corazón,
Olvide el estetoscopio.

Lejos de todo enfoque racional, dejémonos guiar por la espontaneidad, ya que ella nos permite acceder a la esencia de las cosas y las personas.

182
Tómese su tiempo,
Como el arroyo baja rápido la montaña.

A cada ser, su ritmo; a cada hombre, su cadencia. Un caracol puede arrastrarse rápido, un atleta correr lentamente. Conviene que sepamos darnos nuestro tiempo para vivir, aunque las apariencias puedan hacernos creer que simplemente estamos quemando etapas.

183
¿No sabe continuar...?
¿Qué ha hecho con lo que lleva impreso?

Heredero de generaciones anteriores y transmisor de vida y de experiencias, cada uno de nosotros es inseparable de la suma de los seres vivos. La memoria nos une a los demás y nos graba para la eternidad la ruta por la que andamos.

184
Quien ofrece se ofrece.
Quien da se da.

El verdadero regalo no consiste en separarse de una parte de sus bienes, de su tiempo o de su persona, sino en olvidarse por completo de uno mismo en beneficio del otro, con el fin de dar todo su amor.

185
Siembre más de lo que necesite,
Pues no sabe quién más se invitará.

Según una antigua costumbre campesina, todo aquello que el segador dejaba en el campo pasaba a pertenecer a los recolectores que pasaban posteriormente. Añadámosle unas cuantas semillas de más y así aumentaremos un poco la cosecha de las personas necesitadas. O, si lo prefiere, podemos reservar un poco más de lo que necesitamos para poder ofrecer ese excedente al que tal vez venga más tarde a llamar a nuestra puerta.

186
En la mirada de un perro,
¿El mensaje de un ángel?

Toda la bondad del mundo se lee en los ojos de un perro. Y con ella, la confianza hasta el abandono, la fidelidad hasta la abnegación, la constancia hasta darlo todo. ¿No son esas las virtudes de un ángel?

187
El silencio del ángel
Es también un mensaje.

Quien ama sabe que el silencio, lejos de ser un obstáculo, es el lugar de una excelente complicidad, donde constantemente se expresa lo inefable. Así pues, si el ángel calla, no significa que se haya distanciado, sino que está más cerca de nosotros que nunca.

188
Repítase
Lo que le susurra el ángel.

Preocupado por nuestra libertad, el ángel tiene la humildad de dejarnos creer que nuestras buenas elecciones provienen únicamente de nuestro esfuerzo. Apoderémonos de su palabra para convertirla en nuestro credo.

189
Sin secretos para su ángel
Incluso aunque no lo quiera...

Debido a que nos respeta, el ángel guarda silencio sobre todo el conocimiento que tiene de nosotros. Eso no significa que ignore ciertas zonas de nuestro ser o de nuestra existencia. Por lo tanto, podemos fingir que resulta posible guardarnos secretos.

190
El agua le sirve de espejo,
¿Qué le ofrece a cambio?

No deje jamás una sonrisa sin devolver ni un regalo sin corresponder, por anodinos que puedan ser.

191
El día es como un tonel:
¿Qué vino le ha puesto?

Cada nuevo amanecer abre un campo de posibilidades y es tarea nuestra llenar la jornada virgen que se anuncia, pues la riqueza final del día dependerá de nuestros actos.

192
Incluso el cactus más seco
Tiene una flor.

Toda situación, por extrema o peligrosa que sea, abre siempre una oportunidad para amar, intercambiar y compartir.

193
Es inútil
Contar el tiempo.

Darse a sí mismo no se contabiliza en franjas horarias, sino en términos de intensidad de compromiso.

194
Quien salva un huevo
Salva un buey.

Inspirado en la sentencia «Quien roba un huevo, roba un buey», este aforismo nos recuerda que quien puede hacer un pequeño gesto, también puede hacer uno grande.

195
El ángel
Es el futuro del ser humano.

Si recordamos los famosos versos de Louis Aragon: «La mujer es el futuro del hombre», este aforismo hace referencia al ángel como un modelo ideal para cada uno de nosotros.

196
El silencio no es
Igual que el mutismo.

Si callarse es abstenerse de hablar, esta puede ser una manera distinta de decir, de expresar algo situándose más allá de las palabras. Ludwig van Beethoven lo dijo claramente cuando, tras haber recibido las alabanzas de una espectadora de uno de sus conciertos, declaró en la intimidad: «Si esa mujer hubiese estado realmente emocionada, ni siquiera habría podido articular palabra».

197
Más rico será
Si cien veces le roban.

Quien se deja saquear sin quejarse es más grande que aquel que le roba, independientemente del hecho de tomar conciencia de su inagotable riqueza.

198
Dar por dar
Es suficiente para la felicidad.

El placer de ofrecer sin esperar nada a cambio llena al que recibe, pero a menudo lo hace más al que da.

199
¿Un trébol de cuatro hojas?
El milagro es modesto.

Los verdaderos milagros no son los más espectaculares. Lo demuestra la modestia de un trébol de cuatro hojas, que se esconde, casi invisible, entre sus hermanos, distintos a él. Quien lo busque tal vez lo encontrará... ¡o lo hallará sin duda!

200
¿Es culpa de la serpiente
Provocar el miedo?

No se arriesgue nunca a enfrentarse a un peligro célebre y, por extensión, tampoco le acuse por un atributo que no ha sido elegido, puesto que no todos los reptiles son venenosos... Ni tampoco los que tienen el veneno más mortífero son, por sistema, los más agresivos.

201
Gastar sin contar,
Ahí está el beneficio.

Cuando uno da, recoge más de lo que se desprende. Lo que está vigente para los bienes materiales vale igual —o incluso más— para el amor.

202
Apresurar…
¡No apresurarse!

Comprometerse de forma duradera a dar lo mejor de uno mismo: tal es el sentido de este aforismo, que apela a nuestra constancia.

203
No tema
A la muerte.

El ángel no tiene palabras más consoladoras que estas, pues nos sitúan más allá de nuestra existencia y nos invitan a un abandono confiado.

204
Use las rutas,
Cree sus propios caminos.

La existencia no se resume en utilizar las vías trazadas por la multitud, sino que consiste también en aventurarse por terrenos inexplorados desde donde se puedan abrir nuevos senderos.

205
El desconocido
No es el extranjero.

Acoger al otro, incluso cuando no es de los nuestros: tal es el significado de este aforismo, que nos recuerda que acoger e invitar son el eje central de nuestra misión terrenal.

206
Peor que la muerte:
La indiferencia.

Romper todo contacto con el mundo exterior que nos rodea para encerrarnos en la ilusoria comodidad del egoísmo personal constituye, sin duda alguna, la peor de las actitudes. Sin establecer ningún lazo con los demás, al hombre se le presenta algo mucho peor que la inevitable muerte: ¡la transformación en una especie de muerto viviente!

207
Recogerá
Lo que siembre.

Actuar para uno mismo no debe resultar nunca suficiente: hace falta, además, que los beneficios de sus acciones premeditadas se repartan entre los demás y de esta manera lleguen a todos.

208
No deje que el eco
Sea la respuesta a un grito.

Cualquier soledad, desesperanza o sufrimiento que no sean nuestros nos atañen y nos exigen un compromiso por nuestra parte: he aquí la ley del amor, sin la cual la vida no merecería ser vivida. No dejemos nunca que el eco sea la única respuesta que se recibe ante un lamento.

209
¿Está cansado?
¿Y bien?

Sea cual sea nuestra fatiga nunca debemos renunciar. En efecto, ¿qué importa nuestra comodidad o necesidad de descanso cuando hay tantas cosas que debemos hacer para mejorar?

210
Perdone a aquel
Que nunca le perdonaría.

Hay que mostrarse más magnánimo que el otro frente a los conflictos más severos: tal es la lección implícita en este aforismo que nos invita a movilizar los recursos más exigentes del perdón.

211
Que un velo le lleve
Por donde sus pasos se pierden.

Existe siempre un modo de ir más allá de nuestras posibilidades, sobre todo cuando nos enfrentamos a límites que parecen infranqueables.

212
Agradezca a quien ama
Simplemente por existir.

No nos contentemos con estimar al otro por lo que nos aporta: démosle las gracias por ser como es.

213
Si llaman a su puerta,
Es porque la tiene cerrada.

Saber estar disponible para los otros implica una actitud de hospitalidad permanente, al tiempo que se eliminan todos los obstáculos, tanto simbólicos como materiales, susceptibles de dañar ese intercambio.

214
Hay menos virtud en la constancia
Que en la perseverancia.

Actuar siempre al servicio del amor, a pesar de las dificultades y de los fracasos, supone estar implicados en todo momento. Y esta implicación se asemeja más a la perseverancia que a la constancia, pues la primera contiene conceptos como la voluntad y el esfuerzo renovado de manera constante.

215
Haga de su yo
Un techo.

Acoger de forma espontánea y generosa al otro, con todas sus diferencias, constituye una de las principales reglas de la existencia.

216
El pan
No alimenta si no se comparte.

Quien se contenta con disfrutar él solo de sus bienes —materiales, intelectuales o espirituales— no saca de ellos todo el provecho posible. Y es que la vida es como la comida, que resulta más agradable si se goza de ella en compañía.

217
No copie de la urraca
Más que su elegancia.

Como nadie es perfecto, no todos los rasgos de los demás constituyen un buen ejemplo. De la misma manera, tampoco todo resulta despreciable. Así, de la urraca nos quedaremos con su parte más estética: su porte y su plumaje.

218
Encuentre la fuerza
De invitar al cuclillo.

Todos sabemos que el cuclillo es un pájaro que asalta el nido de otras especies para, tras haber destruido los huevos de sus legítimos propietarios, poner los suyos y dejar que aquellos los alimenten. ¿Es esta una razón suficiente para rechazar a quienes actúan de esta manera? No. La noción de acoger no conoce excepciones.

219
Aporte la misma felicidad
Que ofrecen los paisajes.

Irradiar tanto como nos irradian: tal es el significado de este aforismo, que nos invita a no guardarnos para nosotros solos todo aquello que nos gusta.

220
No confunda
Ser con tener.

El egoísmo es matador por naturaleza, pues niega simple y directamente al otro, e incluso su existencia.

221
Mida sus palabras
De acuerdo con sus silencios.

Las palabras nos involucran menos que nuestros actos y la convicción con la que actuamos.

222
Callar es decir
Mediante el silencio.

Como continuación del aforismo anterior, el ángel nos empuja a hacernos entender más mediante nuestros actos que a través de las palabras.

223
Su grito no se pierde
Mientras resuene su eco.

No debemos desesperarnos jamás, pues aunque nadie escuche nuestra llamada, alguien oirá, seguro, su eco.

224
Rezar es decir «sí»
A los sueños imposibles.

«La fe mueve montañas». Rezar significa creer sin rodeos, más allá de la razón.

225
También el hierro
Se doblega con el fuego.

Quien se involucra con fuerza y pasión puede lograr ablandar los corazones más cerrados, de la misma manera que ni siquiera el metal más duro puede resistir la llama que le abrasa.

226
De usted depende
Que el manantial fluya.

Las cosas nunca salen solas. El camino que se nos muestra aquí es el del compromiso para alcanzar los objetivos propuestos.

227
El perdón no cuesta nada,
Pero sí el volver a perdonar…

El perdón requiere una gran fuerza moral y espiritual; tal es así que se nos exige que nos sometamos a él una y otra vez.

228
Hacer daño es, al menos,
¡Hacer algo!

No siempre logramos lo que nos proponemos, pero el fracaso no tiene, en sí, ninguna importancia, pues lo esencial es «repetir cien veces el trabajo para mejorar el resultado», con una convicción y una esperanza constantemente renovadas.

229
Ninguna amapola
Es inútil.

La más pequeña de las flores es indispensable en el mundo... Incluso aunque pensemos que su ausencia no cambiaría nada. Del mismo modo que todo hombre y mujer...

230
¿Un pájaro azul? ¡Milagro!
Una hormiga también.

Todo lo que está vivo es un fragmento del milagro de la vida. Quien sabe maravillarse en todo momento de la magnificencia ha entendido bien el mundo.

231
Lo dicho, sólo un nombre
Hace que exista.

Nombrar es reconocer la existencia del otro, darle la parte de vida oficial a la que legítimamente tiene derecho.

232
Que el deseo tenga voz,
Cuerpo, sangre y alma.

Todo compromiso humano implica un compromiso total: físico, moral, intelectual y espiritual.

233
Sueñe
Con acciones.

Si el sueño le muestra el camino, sus acciones deben seguirlo necesariamente; si no, ¿de qué sirven los sueños?

234
Dar es bueno;
Ofrecer es mejor.

«La manera de dar es mejor que lo que se da». Al contrario de dar, ofrecer contiene una dimensión totalmente dinámica, sin la cual el regalo pierde su vocación de compartir.

235
El odio es
Que el amor está dormido.

Ir a rescatar el amor del fondo del odio es un ejercicio al que no estamos nada habituados. La tarea, ingrata a priori, se vuelve menos ardua con la experiencia. Compruébelo y verá...

236
El sol ilumina,
Tanto como lo hace su llama.

No hay grandes y pequeñas existencias: cada una tiene valor a su manera.

237
Huésped inesperado del otro,
El muérdago se convierte en regalo.

Acoger al parásito como a un huésped requiere menos sacrificio de lo que cree. La ocasión es perfecta para establecer una relación privilegiada con el que se impone y traspasar la frontera entre colono y colonizado.

238
¿Quién está ahí? Tú.
Tu yo, tu otro yo.

Ser uno mismo el que se observa, como si fuera otro, para poder considerarse con mayor objetividad permite escapar del inmovilismo.

239
La violencia del ángel
Para oponerse a su violencia.

Para poder responder a nuestros arrebatos y ataques de ira, el ángel no tiene con frecuencia otra alternativa más que interpelarnos en el mismo tono que nosotros acabamos de utilizar. Se trata de una buena manera de poder enfrentarnos a nuestros propios excesos.

240
En el espejo de una mirada
Se refleja su imagen hacia el otro.

Acoger es avanzar y compartir. La mirada nos sirve en este caso como una lanzadera que recibe, a la vez que proyecta, unas premisas para poder intercambiar y compartir con los otros.

241
¡Gracias!
¿Por qué?

Dar de forma totalmente espontánea significa no esperar más que un eco: el de la felicidad del otro, que merece todos los agradecimientos del mundo. Teniendo en cuenta la imagen más común que siempre hemos visto de los niños que salen corriendo, radiantes de alegría, tras recibir un regalo, podemos aprender así dar sin tener que esperar nada a cambio.

242
Tu vida es más que la vida:
Es la vida en mayúsculas.

Cada vida merece la pena ser vivida en toda la nobleza de su singularidad. El ángel nos lo recuerda a cada instante que pasa, cuando nos sitúa en el centro del mundo y de la creación.

243
Olvídese de usted
Para ser mejor.

Tenemos mucho que ganar si nos desprendemos de nuestro egoísmo, pues es en los terrenos del encuentro, del intercambio y del compartir en los que nos realizamos totalmente como personas. Sin ello nos consumiríamos a fuego lento.

244
Que su felicidad
No insulte jamás a nadie.

A menudo nuestras alegrías pueden parecer insolentes ante la desdicha de los demás. Por esta razón, debemos hacer que nuestra dicha constituya una invitación, un ejemplo, y que jamás parezca un logro cuyo beneficio nos reservamos sólo para nosotros.

245
Ángel de terciopelo
Que a veces nos pincha...

Seres de amor, de dulzura y de abnegación, los ángeles también revolotean a veces sin hacer nada, pero no dudan en aguijonearnos para que volvamos al buen camino.

De la gravedad depende
Que comprenda a los ángeles.

¿Es imposible ver a un ángel? ¿Resulta difícil imaginarlo fuera de la iconografía tradicional? Pues bien, soñemos que ellos se liberan de la gravedad...

247
Estar entre ángeles:
¡Que sea una orden!

No contentarse con la felicidad, sino obstinarse en construirla con los demás: tal es el sentido de este aforismo, que nos invita a involucrarnos en todo momento.

248
El ángel empuja con un ala
Y retiene con la otra.

Incitador a la vez que protector, el ángel no tiene rival a la hora de estimularnos para que consigamos llegar al fondo de nosotros mismos, aunque, sin embargo, a veces corre el riesgo de que choquemos con nuestros propios límites. Siempre se mantiene presente a nuestro lado para suavizar nuestra caída y animarnos a que nos levantemos de nuevo una vez más.

249
Toda persona en apuros
Entristece a un ángel.

El ángel sabe muy bien que el camino es duro y que su compasión por nosotros es ilimitada.

250
Donde esté el ángel
Tiene un lugar.

La perfección natural propia del ángel podría hacernos suponer que el lugar que ocupa no será jamás adecuado para nosotros. Sin embargo, este aforismo nos invita a pensar lo contrario.

251
Libere al ángel
De su silencio.

La forma de expresión que parece ser la preferida por el ángel es el silencio... O, al menos, lo que nosotros consideramos silencio a fin de no tener que prestar atención a los mensajes que continuamente nos envía. Sin embargo aguzar el oído para escuchar su leve voz que nos habla es darle la posibilidad de que entre en nosotros y así nos acompañe.

252
Todo ángel es un regalo:
Sea un regalo para su ángel.

La atención, la fidelidad y la constancia que el ángel pone permanentemente a nuestro servicio constituyen un regalo de valor inestimable. Eso significa que no debemos ser avaros sino actuar de manera que también nosotros seamos capaces de devolverle esos favores.

253
No destruya
La invitación de los ángeles.

Los ángeles no cesan de invitarnos a gozar de la felicidad. No debemos declinar su oferta por negligencia, desinterés o desgana. Al contrario, hemos de alegrarnos de su llamada y aceptarla a cada instante.

254
Su pupitre está también
En la escuela de los ángeles.

Al igual que un joven escolar, el ser humano no deja de aprender constantemente a lo largo de toda su existencia. Sin embargo, entre las numerosas «materias» del programa que debe interiorizar se encuentra el llamado camino de perfección que enseñan los ángeles.

255
No se jacte jamás
De ser el amigo de los ángeles.

El hecho de ser amigo de personas buenas no significa obligatoriamente que nosotros seamos también personas de ese tipo. Así pues, no tenemos ningún derecho a jactarnos de los amigos que nos son dados, ¡y mucho menos todavía en lo que respecta a los ángeles!

256
Todo ángel
Perturba.

La vocación natural del ángel no es la de hacernos caricias en el pelo, sino la de incitarnos constantemente a actuar para alcanzar así de forma plena nuestro potencial espiritual.

257
Nadie le conocerá jamás
Tan bien como su ángel.

Mejor que cualquier otra persona y que hasta nosotros mismos, el ángel sabe perfectamente quiénes somos y cuáles son nuestros puntos fuertes, debilidades y cualidades innatas. Por eso, podemos confiar plenamente en él, incluso aunque las orientaciones que nos sugiera a veces nos parezcan que están muy alejadas de nuestras posibilidades reales.

258
Quien ha creído
Creerá.

Con sentido del humor, este aforismo recuerda el famoso proverbio: «El que ha bebido beberá», para decir que lo único que se puede hacer es sacar ventaja de la constancia, incluso si el camino nos parece a priori demasiado arduo.

259
Bendita
La cólera del ángel.

La dulzura innata del ángel oculta una gran fuerza y convicción, de modo que a veces nos resulta tan punzante como la punta de un arma y el filo de una navaja que remueve y despedaza nuestras convicciones más obstinadas para que elijamos el camino que creemos mejor.

260
Si el ángel es espíritu,
Sea el espíritu del ángel.

Entre el ángel —ser espiritual en esencia— y el ser humano, el vínculo se halla en el espíritu. Por eso, se puede producir la fusión.

261
¿Perdido?
Pregunte al ángel.

Sea desde un punto de vista geográfico (no puede encontrar el camino), psicológico (se encuentra desorientado y sin norte) o espiritual (uno ya no sabe dónde se halla), el ángel pone remedio a nuestra sensación de estar perdidos al ofrecernos las respuestas adecuadas que nos permiten «situarnos» mejor. Así pues, pidámosle, sin temor y con confianza, siempre ayuda...

262
Forje su felicidad
Teniendo en cuenta al prójimo.

No existe nunca verdadera felicidad si no se comparte con los demás; este y no otro es el sentido simple y profundo de este aforismo que no se limita simplemente a animarnos a compartir la felicidad con el prójimo, sino que también nos invita a hacer siempre felices a los demás.

263
En el corazón de la música
La palabra de los ángeles.

De la misma manera que la música le debe mucho al silencio, que le sirve de caja y con el que juega a dúo, la existencia del hombre es inseparable de la de los ángeles, a los que también debe tanto, cuya forma de expresión no es otra que el silencio. Un silencio que el hombre puede captar.

264
*Si el ángel está en silencio
Es para ofrecerle el mundo.*

El silencio que reconocemos en el ángel se convierte en un retiro voluntario para permitirnos construir. De este modo, se abrirá el camino que favorezca el advenimiento de un mundo mejor, cuya creación forma parte de lo que es nuestra misión en este mundo terrenal.

265
*Nunca está solo
Quien acoge a los ángeles.*

Más allá de la pertenencia a la comunidad de los ángeles que implica toda actitud de acogida, la apertura sin reservas al mensaje de estos nos permite vencer las barreras que nos separan del prójimo y, por consiguiente, establecer un contacto privilegiado con el otro.

266
*¿Tiene miedo?
¡Mejor!*

Aunque el temor a lo desconocido con frecuencia nos hace huir, a menudo nos empuja también hacia nuestro propio futuro. Nos conviene, pues, aprender a utilizar este sentimiento como lo que es en realidad, un excelente trampolín que nos catapulta hacia la acción.

267
*En escultura,
La arena se convierte en piedra.*

Poco importante resulta el futuro de nuestras propias creaciones: en el fondo, el gesto y la intención es lo único que realmente cuenta para construirnos a nosotros mismos y nuestra relación con los demás.

268
¿Necesita pegar?
¡Invéntese un tambor!

La cólera y la violencia forman parte de la naturaleza humana. Sin embargo, no hay motivos para sucumbir a ellas, excepto para crear el instrumento que desvíe nuestros propios golpes y los de los demás.

269
Incluso el ciego
Puede rebelarse viendo.

Sean cuales sean nuestras carencias y límites, existe siempre un modo de alcanzar nuestros sueños. Los obstáculos desempeñan entonces el papel de catalizador.

270
Protegerse
Es a veces esconderse.

Este aforismo nos recuerda que, si nos abandonamos con demasiada facilidad al confort de la seguridad, nos encerramos en una cotidianidad estéril, aislados de toda realidad.

271
Un solo deber:
La búsqueda...

La dirección hacia donde nos empujan nuestras ambiciones humanas más nobles: este es el camino que debemos seguir, el único capaz de desviarnos de la espera para llevarnos a encontrar las respuestas a nuestras preguntas.

272
Más vale una campana
Que cualquier reloj.

Liberémonos de la esclavitud del tiempo que nos marca el apresurado ritmo de nuestras pequeñas obligaciones y optemos por periodos más largos en los que nos dejaremos guiar por lo esencial.

273

Cuando el ángel le dice: «Ven...»,
Le dice también: «Ve».

La llamada del ángel es una invitación al compromiso, y no sólo al encuentro. Implica, pues, voluntad y acción.

274

No tema: haga su nido,
Disperso, como los ángeles.

Aferrarse a un bien o a un lugar, o estancarse en la seguridad para protegerse de lo desconocido no son actitudes que le harán sentir cómodo. Por el contrario, el abandono de los miedos nos permite sentirnos bien en todo momento y lugar, y nos ofrece la oportunidad de renacer ante nosotros mismos y el mundo.

275

El ángel se esconde
Como un tutor humilde.

El papel del ángel es aconsejar, enseñar e indicar la dirección correcta antes de retirarse, para dejar que actuemos libremente.

276

El ángel sabe con certeza
Lo que el hombre presiente.

En materia de ética y de espiritualidad poseemos todo el conocimiento implícito de lo esencial. El camino para llegar es distinto para cada uno: unas veces es más fácil, otras menos. Confiemos en nuestra intuición.

277

El ángel no oye
Nuestras provocaciones.

Llamar al ángel, intimidarle e interpelarlo violentamente no suele funcionar nunca, ya que su bondad y su paciencia son muy grandes.

278

Quien hace el ángel
No puede volver a hacerse el tonto.

Contrariamente a «Quien hace el ángel hace el tonto», este aforismo nos recuerda que quien ha conocido lo bueno ya no puede volver atrás.

279

¿Cómo escribe la palabra ángel?
Con dos... ¡alas!

Aparte del juego de palabras sobre su aspecto tradicional, esta imagen nos da a entender que el ángel lo es por la convicción de su compromiso y, por ello, escapa naturalmente de la gravedad. Tomémosle pues como modelo.

280

Depende de usted
Que el ángel se revele.

El ángel no se oculta en ningún momento, incluso ante aquellas personas que obstruyen su mensaje.

281

Los aporreamientos,
Sólo para el inicio de un espectáculo.

Acabar con la violencia en favor del juego y de la creación (en este caso, el teatro): este es el sentido de este aforismo.

282

Los ángeles bien saben
Que la muerte es un engaño.

Abandonemos el legítimo miedo de nuestra aparente finitud aceptando la difícil evidencia que nos confía el ángel, y nuestra existencia cotidiana se verá transformada.

283
Decía con tristeza:
«He herido a mi ángel...».

Preocuparnos por los demás, y en particular por el ángel, en todas nuestras acciones es una de las reglas fundamentales de la existencia.

284
¿El arma de los ángeles?
Una suntuosa orquesta.

Los ángeles basan su fuerza de persuasión en el amor, la belleza y... la música. Esa es su única y terrible «violencia».

285
Ningún ángel, jamás,
Es sorprendido durmiendo.

Contrariamente al hombre, que, por muy atento que esté en la realización de su misión, puede distraerse, el ángel no baja jamás la guardia.

286
Quien hace reír a un niño
Conoce mejor a los ángeles.

La espontaneidad y franqueza de las alegrías infantiles son, sin duda, una buena imagen de lo que son los ángeles.

287
«¿Subir?», dice usted.
«¡Trepar!», dice el ángel.

A la noción estática de la elevación, el ángel aporta un concepto más dinámico que exige una implicación personal. Su realización tiene mucho valor, ya que supone atención, esfuerzo, voluntad y perseverancia constantes.

288
Róbele una pluma al ángel
Para escribir su vida.

Inspirarse en el ángel para conducir su vida por los caminos de la trascendencia: tal es el significado de esta metáfora.

289
Siempre más, siempre mejor,
Es posible con el ángel.

Tropezamos con nuestros propios límites sin cesar. La intervención del ángel nos permite superarlos y avanzar así hasta donde, a priori, nos parecía impensable llegar.

290
El ángel nunca se va
Y nunca vuelve.

Si hay un rasgo característico del ángel es su presencia permanente a nuestro lado.

291
Sean cuales sean nuestras desviaciones,
El ángel mantiene siempre la confianza.

Somos seres débiles por naturaleza y, como tales, a menudo creemos que no podremos lograr los objetivos que nos hemos propuesto. Poco importan esos momentos de desánimo: el ángel, que nos conoce mejor que nosotros mismos, está ahí para recordarnos nuestras posibilidades reales.

292
El rocío de la aurora
Es como el plumaje de un ángel...

La belleza de una nueva aurora es tan pura, fuerte y impregnadora que se asemeja a un ángel.

293
¿Y si su sombra fuese
El hogar de su ángel?

Siempre a nuestro lado, el ángel bien podría anidar en nuestra sombra, nuestra compañera inseparable.

294
Siempre sabe el ángel
Cómo debe pedir.

El ángel nunca ordena, pues prefiere vernos elegir libremente la ruta que nos indica con amor y constancia. Una manera de ser y de hacer que debería servirnos de inspiración.

295
Es más fácil subir
Que caer, piensa el ángel.

Atados como estamos a la gravedad —tanto en el terreno físico como en el ético y espiritual—, tenemos la mala costumbre de pensar que la caída es más dura que la ascensión. El ángel está ahí para recordarnos que esta visión de la realidad es errónea.

296
Un ángel vale un ángel,
Pero el suyo es único.

Aunque todos los ángeles se parecen, el nuestro —porque está destinado a nuestra protección y asistencia— es totalmente distinto al de los demás... De la misma manera que la rosa de *El Principito* no se parece a ninguna otra.

297
La verdad se descubre también
Con los ojos cerrados.

No caigamos en las apariencias: la reflexión y la meditación también nos abren puertas.

298
Cada una de sus alegrías
Hace feliz a su ángel.

No es sólo una cuestión de ángeles el saber alegrarse de la felicidad del otro. Quien sabe abandonarse a ese sentimiento vive su existencia de forma más llena, rica y satisfactoria.

299
Cada lágrima del ángel
Se transforma en plegaria.

Cuando nos apenamos y sufrimos, nos encerramos en nosotros mismos. Sin embargo, el ángel nos enseña que la plegaria puede ser la vía para una nueva expansión.

300
Lo que le ofrece al otro
Se lo da al ángel.

Debido a que el ángel comparte totalmente nuestra dicha, puede alegrarse de los regalos que hacemos a los demás... Y considerar legítimamente que esa donación hecha al otro va, al mismo tiempo, dirigida a él.

301
Deje que el ángel se ocupe de valorar
Y dedíquese a actuar.

La vida es demasiado corta para pesar cada una de nuestras acciones; además, no estamos lo suficientemente bien situados para apreciar su valor. Actuar según nuestras decisiones, sin mayores preocupaciones, es mucho más importante que hacer balance.

302
Quien siembra sin contar
Da de comer a los ángeles.

Dar sin esperar nada a cambio y compartir con los demás llena de alegría al ángel, que literalmente se alimenta de esos gestos.

303
El regalo que le hace el ángel:
Convertirse en uno mismo.

Realizarnos completamente mediante la concreción de nuestras elecciones éticas y espirituales nos permite coincidir con nosotros mismos. Siguiendo los consejos del ángel, podemos convertirnos en lo que deseamos ser.

304
No deje al ángel
Actuar por usted.

Este clarísimo mensaje retoma, bajo otra forma, la máxima «Ayúdate para que el cielo te ayude».

305
No sea un espectador
En el festival de los ángeles.

El benévolo universo de los ángeles no debe parecernos un sueño inaccesible, ya que es un mundo al que estamos invitados en todo momento.

306
Si supiera
¡cuánto le necesita el ángel!

El ángel es tan dulce, tan humilde y está tan implicado en su misión que requiere de nuestra completa convicción y total compromiso para poder ser feliz. Si le damos la espalda, es inevitable que se sienta rechazado.

307
Acepte las herramientas
Que le propone el ángel.

El ángel no nos aconseja nunca sin mostrarnos la forma de lograr la transformación. Y ese modo está en nosotros, pero es tarea nuestra identificarlo y utilizar sus posibilidades de la mejor manera.

308
Sentado en el horizonte
El ángel siempre atrae.

De la misma manera que la línea del horizonte, que retrocede a medida que vamos avanzando sin detenernos, el ángel nos invita a continuar nuestra búsqueda más allá de cualquier límite, pues con su continua presencia podemos vencer nuestros miedos y fatiga.

309
Nuestra aventura empieza
Tras las huellas de los ángeles.

La más hermosa aventura que jamás nos ha sido ofrecida es, sin duda, la que nos proponen los ángeles que nos acompañan, pues nos abre, para que las exploremos, las puertas del infinito.

310
El ángel no tiene orgullo:
Tenga el orgullo de ser un ángel.

Entregado por completo a nuestro servicio, el ángel actúa en nuestro favor únicamente para permitirnos alcanzar el paraíso al cual aspiramos. Esta misión es su único objetivo y su éxito no deja lugar al orgullo. Si seguimos el proyecto de parecernos a ese mensajero, pronto nos daremos cuenta de que nuestro orgullo pierde fuerza con gran rapidez.

311
Ángel: primer auxilio
Y último recurso.

En el vaivén de decisiones que suele caracterizar nuestra existencia, el ángel es el punto de apoyo con el que siempre podemos contar para no perder nunca el sentido de la orientación.

312
¿Está sordo?
¿Y bien?

No es suficiente con taparse los oídos para no escuchar el mensaje del ángel, pues lo esencial va más allá de las palabras.

313
Equipaje,
¿Para qué?

Lo que realmente necesitamos no son las cosas, sino aquello que llevamos con nosotros fruto de nuestras experiencias. Ir cargados de equipaje sólo obstaculizaría nuestro camino.

314
Reserve de cada ganancia
Una parte para su ángel.

Es rico aquel que comparte. Quien se lo guarda todo para sí mismo no piensa en otra cosa que en poseer.

315
Semillas de diente de león,
¿Metáfora de los ángeles?

El mensaje de los ángeles puede compararse con esas semillas que, con el soplo de una simple brisa de aire, se dispersan por el horizonte y multiplican así las posibilidades de germinar.

316
Ninguna barrera
Limita la libertad de los ángeles.

Contrariamente a los hombres, cuya existencia está repleta de limitaciones, los ángeles burlan todos los obstáculos y fronteras.

317
A la hora de decidir,
Elija lo mejor de usted mismo.

No es el interés personal lo que debe guiarnos en nuestra cotidianidad, sino todo aquello que pueda revelar y mejorar nuestros aspectos más nobles.

318
No mida su camino
Por las piedras en las que ha tropezado o por aquellas que ha ido superando.

No debemos dejarnos vencer por los obstáculos o dificultades que nos encontramos. No importa si el camino recorrido es muy largo, sino su calidad.

319
Si fuera otro,
¿Sería realmente mejor?

No digamos que nuestra personalidad, carácter o manera de ser nos imponen límites ni utilicemos esto como pretexto para soñar con un «cambio de piel». Hagámoslo lo mejor que podamos con lo que somos.

320
Una sonrisa
Da color al cielo gris.

No hay situación tan triste que no pueda ser iluminada con el regalo de una sonrisa.

321
Exhalaciones angelicales
A la sombra del manzano.

Aprendamos a saborear el perfume de las flores y las frutas tal como son: unos inestimables pasaportes para lo inefable.

322
Ámese,
El cielo le amará...

Volviendo a la máxima «Ayúdate para que el cielo te ayude», este aforismo nos recuerda que el respeto y el amor por uno mismo constituyen la mejor manera de avanzar felizmente y el mejor trampolín para encontrar al otro.

323
¿Y si lu miel fuese
Palabra de ángel?

Entre los alimentos más exquisitos de palacio, la miel puede considerarse —de manera simbólica— un maná angelical.

324
El ángel sabe mejor que usted
Hasta dónde puede llegar.

El ángel tiene de nosotros un conocimiento tan claro y profundo que jamás nos llevaría por donde no pudiésemos ir, aunque a veces estemos convencidos de que no podremos emprender el viaje al que nos invita.

325
Confiar en el ángel
Es confiar en uno mismo.

Podemos recurrir al ángel porque creemos en nosotros y en nuestra capacidad de superación. Concedámonos, pues, el privilegio de esta seguridad.

326
Meta en su yo
Todos los nosotros del mundo.

No nos encerremos en la soledad o en el egoísmo. Abrámonos de forma permanente a los otros y el mundo: tal es el sentido de esta proposición, que nos solidariza con los demás.

327

«Se lo ruego,
Sea totalmente usted mismo», dice el ángel.

Una de nuestras mayores misiones es la de realizarnos plenamente, para ser finalmente responsables absolutos de nuestros actos y decisiones.

328

Benditos los ingenuos
Que pueden creer en los ángeles.

No hay que tomar aquí *ingenuo* en su sentido negativo, sino al contrario, con una óptica de apertura y disponibilidad totales. Podemos descubrir así verdades fundamentales que, por naturaleza, escapan a toda razón.

329

El ángel se detiene siempre
Ante su libre conciencia.

El ángel no quiere en ningún momento que nos traicionemos, por lo que prefiere un acuerdo, fruto de nuestra libre actuación. Siempre es posible, pues, no seguir el camino que se nos muestra.

330

No deje que se apague
Lo que crea que puede vivir...

Todos somos responsables de hasta la más pequeña forma de vida, sobre todo de aquellas que requieren de nuestra atención para sobrevivir.

331

La cuadratura del círculo
No es problema para el ángel.

No lo olvidemos jamás: el ángel consigue lo imposible.

332

El ángel, bailarín,
Le enseñará los pasos.

Nada de lo que creemos que es difícil de lograr —como el equilibrio perfecto sobre las puntas de los pies— se nos negará si confiamos en el ángel.

333

«Aburguesarse», dice el ángel,
«Y despojarse también».

Tan importante resulta desarrollar nuestros dones y reforzar nuestra conciencia como saber abandonar lo inútil y superfluo para entregarse plenamente al amor y a nuestro proyecto espiritual.

334

El ángel hace milagros
Que ni un loco creería posibles.

Seamos lo suficientemente irracionales para creer en el formidable poder de los ángeles y compartir con ellos un futuro increíble a priori.

335

El ángel es muro y ventana:
Una casa abierta a...

Con su presencia y sus consejos, el ángel nos proporciona las herramientas necesarias para acabar con nuestros miedos y temores. Pero, a la vez, nos libera hasta el punto de permitir que nos abramos a los demás y al mundo.

336

En la hoguera del amor,
El ángel prepara su llama.

No hay nada más simple que el amor; pero tampoco nada tan complicado. Fuente inagotable de amor, el ángel nos ofrece sin restricciones esta materia prima.

337
El ángel disfruta siempre
Riéndose con su risa.

El ángel comparte nuestras penas, pero también nos acompaña en nuestras alegrías, y hace que resuenen en un intercambio perfecto.

338
En medio del túnel,
Un ángel siempre en vela.

Ninguna situación puede ser tan desesperante que nos deje completamente desprotegidos, pues el ángel siempre está vigilando...

339
El ángel es cerrajero
A la vez que embajador.

Para acceder a nosotros, entregarnos su mensaje y tratar de convencernos, el ángel utiliza indistintamente la llave o la diplomacia, dos métodos complementarios...

340
Si el ángel abre las alas,
Parece un corazón.

¿Puede haber una imagen más explícita?

341
El ángel toma mil formas
A orillas del camino.

Saber reconocer la presencia del ángel en el azar que marca nuestra existencia: tal es el significado de este aforismo que nos tranquiliza en cada instante de nuestra vida.

342
El ángel se rasguña
Por cada niño que encuentra.

Maestro de la compasión (en el sentido inicial de la palabra latina *cum passio*, «con pasión»), el ángel comparte íntimamente con nosotros cada episodio que se produzca en nuestro camino, con tal grado de implicación que la víctima resulta necesariamente inocente.

343
Un guijarro en la arena:
¿Y si fue un ángel?

La presencia de un solo guijarro en una playa de arena constituye tal anomalía que es difícil pensar que no sea un mensaje. ¿No utiliza el ángel este tipo de signos para acercarse a nosotros?

344
El sol puede ser para el ángel
Un simple aro.

Entre las manos del ángel, incluso el magnífico sol puede transformarse en un sencillo juguete. Esto significa que, en su universo, lo extraordinario puede convertirse en cotidiano.

345
No es descanso para el ángel
El dejar de actuar.

El ángel es un ser espiritual activo por naturaleza. El descanso —o lo que nosotros apreciamos como si de eso se tratara— da paso en realidad a un atento, silencioso y permanente estado de vigilia mientras nos acompaña. En definitiva, el ángel nunca necesita descansar.

346
«*Despojarse*», *dice el ángel.*
«*La desnudez propicia el amor*».

Jugando con el doble sentido físico y espiritual de la desnudez, este aforismo nos recuerda que no podemos abandonarnos totalmente al amor si antes no nos olvidamos de todos los obstáculos: la ropa, el orgullo, el egoísmo o el miedo.

347
El ángel, depositario,
Lega todas sus pertenencias.

Rico en los tesoros que le ha otorgado la divinidad, el ángel no es, sin embargo, su depositario. Más bien todo lo contrario, pues su vocación es ofrecerlos para compartirlos.

348
Por grandes que sean los ángeles,
No son más que embajadores.

Jamás hay que confundir a los ángeles con el Creador. Tal es el sentido de este aforismo, que nos recuerda, además, que la función de estos seres es la de ser mensajeros de la Buena Nueva.

349
Apuéstelo todo
Por la promesa de un ángel.

El ángel jamás miente ni reniega de su palabra.

350
No deje que los ángeles
Le hablen al vacío.

Los ángeles no están hechos para predicar en el desierto. No prestar atención a su mensaje es privarse de la gran oportunidad de ser plenamente hombre o mujer.

351
¿Cuál es su mensaje
Para el ángel mensajero?

Siguiendo la lógica del aforismo anterior, recordemos que el mensaje del ángel requiere a cambio la implicación humana con una plegaria o una respuesta de compromiso.

352
El ángel no tiene
Más que buenas palabras.

¿Alguien ha visto jamás a un ángel divulgar palabras de maldad o de tristeza, excepto para hacernos partícipes de su pena al vernos extraviados por el mal camino?

353
Agarre bien
El testigo que le da el ángel.

Intermediario entre el hombre y el Creador, el ángel actúa como el corredor de relevos, cuyo testigo constituye un rasgo de unión simbólico.

354
Ningún ángel puede
Ganar la carrera solo.

Sin una respuesta activa a sus consejos por nuestra parte, el ángel no tiene la posibilidad de conducirnos por donde quiera que vayamos. Nuestra participación es, pues, indispensable.

355
A la vanguardia de uno mismo,
Siempre...

Todos nuestros esfuerzos nos recompensan y nos hacen ser conscientes de que somos capaces de redimirnos, hasta el punto de parecernos a la vez a otros y a nosotros mismos, aptos para resurgir una y otra vez.

356
No basta con que haga buen día;
También hay que poner el sol.

El mundo no está completo si cada uno no estampa su propio sello.

357
¿Qué dice su ángel?
Le devuelve sus palabras, que antes le había susurrado.

Intercambiar y compartir de esa forma tan completa que sólo se consigue a través de la total disponibilidad del amor: he aquí el único diálogo útil, tanto con los otros como con su ángel.

358
Tenga cuidado con el eco de sus palabras,
Que les da sentido.

Debemos tener cuidado con nuestras palabras, para que no sean entendidas en un sentido distinto al que pretendíamos, ya que podrían herir, sin que esa hubiese sido nuestra intención original.

359
Que ningún sufrimiento
Debilite jamás su amor.

Incluso si estamos heridos por la vida, debemos permanecer siempre abiertos a los demás y al amor, a pesar de las tentaciones de hundirnos en la animosidad, la rebelión o la indiferencia.

360
Que quien llame a la puerta
Acoja.

El huésped no es sólo el que recibe, sino también el que es recibido, que debe aportar el mismo espíritu de ofrecimiento y estar dispuesto a dar tanto como recibe.

361

Al lado de la chimenea,
La vida es recuerdo y es futuro.

No encerrarse en la nostalgia del pasado ni renunciar tampoco a los placeres que nos aporta es vivir el presente en su totalidad, con su doble componente de ayer y mañana.

362

El instante es como un diamante:
Una joya en bruto y a la vez tallada.

El instante no se resume sólo en aquello que vivimos, sino que se prolonga e influye en el futuro. En este sentido, todo es a la vez finito e infinito, experiencia puntual y generador de historia.

363

El ángel jamás
Hace oídos sordos.

Siempre atento, el ángel no es avaro ni con su tiempo ni con su disponibilidad. Para constatarlo, sólo hay que aguzar el oído.

364

El ángel
Desconoce el sueño.

La misión del ángel no es sólo la de ser, sino la de estar ahí siempre y en todo momento, motivo por el cual no conoce el sueño.

365

Alargue el brazo, abra la mano:
Permita que los ángeles existan.

De la misma manera que los ángeles vienen constantemente a nuestro encuentro, recibámosles sin rodeos para que puedan nacer ante el mundo.

www.ingramcontent.com/pod-product-compliance
Lightning Source LLC
Chambersburg PA
CBHW051539230426
43669CB00015B/2653